Leadership in the Era of Economic Uncertainty

徹底のリーダーシップ

最悪のシナリオから最高の結果を生む経営

ラム・チャラン 著
中嶋 愛 訳
柳井 正 解説

プレジデント社

危機の今、まさに全リーダー必読の一冊

ファーストリテイリング会長兼社長　柳井 正

いい会社とそうでない会社は何がちがうのか。

それは、「経営をやっているかどうか」だと僕は思います。

では、経営とはなにか。それは「実行すること」です。これ以外にない。経営者のなかには、経営を理論を学ぶことだと勘違いしている人たちが大勢います。そういう人たちは実際、経営をやっていない。

いい会社と悪い会社でやっていることは、表面上はほとんど一緒です。やるべきことも一緒です。何が違うかといえば、どの程度までやるのか、どの水準を目指すのか、それだけです。

悪い会社はいい加減にやっていたり、やっているふりだけで終わっている。低い水準での成功で満足している。いい会社は徹底的にやり、それでも満足せずに、全員でさらに上を目指している。そういう違いがあります。

僕がラム・チャラン氏の名前をはじめて聞いたのは、ファーストリテイリングの経営者候補にコーチ

ングをしてくれる人を探していたときのことでした。長年にわたって、世界トップクラスの会社で経営幹部の指南役を務めてきたチャラン氏は、ベストセラーになった『経営は「実行」』（日本経済新聞出版社）という本で、「実行は、現代のビジネス社会で語られていない問題、しかも最大の問題」と述べています。

これは僕の結論と同じです。

リーダーが泥まみれになってやらない限り、下の人間が泥まみれになってやろうなどと思うわけがないでしょう。リーダーは「モデル」たるべきです。ただ上から命令して、他の人が実行したことを評価するだけの人はリーダーではない。それとはまったく反対の姿勢が必要なのです。

リーダーになったら、いやな仕事はしなくてもいいのではなくて、むしろ、いやな仕事を正面から引き受けていかなくてはならない。それは、たくさんある課題に優先順位をつけて、いますぐにとりかかるべき、最も重要なものから取り組んでいく、ということです。

最も重要な課題というのは往々にして、最も難しい課題です。そして、一度達成したら終わるのではなく、継続してやり続けなくてはならない普遍的な課題でもあります。だから、重要であっても「それはできそうにないから」と避けているリーダーが非常に多いのではないかと思います。大会社の経営者にはとくにそういう人が多い。本来やらなくてもいいようなことをやって、何かやった気になっている。

そういうことではリーダー失格です。

会社にとって一番必要なことは何か。それを理想と現実、長期と短期のバランスのなかで考えていくのがリーダーの役割であり、いったん何をすべきかがわかったら腹をくくって率先して取り組まなくてはなりません。リーダーから動かない限り、組織は動かないのです。

そういう、いわば当たり前のことを、チャラン氏はこの『徹底のリーダーシップ』のなかで繰り返し書いています。「経営者の基本理念は、『手も口も出す』であるべきなのだ」と。僕はそれを読んで、自分の考えていることとほとんど同じだな、と思ったのです。

あたりまえのことが本当にできているのか。経営者はそのことを常に自問すべきです。

僕がこの本を読んでいちばん印象に残ったのは、「徹底した経営」という言葉です。原書では「management intensity（マネジメント・インテンシティ）」となっています。「インテンシティ」には、激烈、濃縮、集中といった意味があります。僕は、この言葉に「人間の意志」のようなものを感じました。これこそいま、多くの経営者に決定的に欠けているものでしょう。あまりにも客観的になりすぎて、自分の経営する会社を、自分ごとではなく他人ごとのように考えているように見えるのです。

経営は、社員や世間に共鳴してもらうことによって、はじめて意味を持ちます。僕のように創業者で会長でCEO（最高経営責任者）もやっているような経営者でなくても、会社を経営する立場の人間は、それを徹底的に自分のこととして、意志と感情をこめてやらなければ人は共鳴しない。

チャラン氏は「経営者が積極的なやり方で、断固として行動すれば、社員に希望と自信を与えることができる」、そして「経営者の行動、そして言葉は、社員の知力、体力、気力を方向づける」と述べています。経営者は、自らの行動と言葉をもって、人を共鳴させることができなくてはならないのです。

なすべきことの優先順位を正しく判断して、それを伝え、共鳴してもらうために欠かせないのは、情報です。それも人を介した情報ではなく、生の情報です。チャラン氏は、これを「地べたの情報」と言っていますが、まさに地を這うようにして集めてくる情報です。

これは僕の「経営の教科書」である『プロフェッショナル・マネジャー』（プレジデント社）の著者、ハロルド・ジェニーン氏も言っていることですが、人づてに聞くことには必ず偏見が入っています。話し手の都合で、真実が脚色されるのです。だから、人の話と現実は、しばしば全く違うものだったりする。

リーダーのところには、仕組みとして情報が上がってくることになっていますが、それを鵜呑みにしていると大変なことになります。自ら現場に出向き、自分の目で何が起こっているかを確認し、直接関係者と話をして真実をあぶりだす。その努力をリーダーが怠ると、組織は誤った情報によって動くことになります。それはまさに「命取り」となるのです。

チャラン氏のメッセージは、経営者だけに向けたものではありません。

僕は常日頃から、「全員経営」ということを言っています。もともとは松下幸之助さんの言葉ですが、「全員が経営者マインドをもつ」という意味で僕は使っています。同じことを、ピーター・ドラッカー氏は「知識労働者は、すべて企業家として行動しなければならない」と言っています。

いまの時代、あらゆる階層の人にとってリーダーシップがなければ仕事はできません。自分ひとりで仕事ができる人なんていないでしょう。自分が思っているような成果をあげようと思ったら、そこにはリーダーシップが必要になるのです。

不幸なことに、これまでの会社は軍隊や官僚の組織を見本にしてきたところがあります。そういう組織では、上の人が言ったことを下の人が実行する、といったかたちで、意思も責任も分断されていた。そういう時代はもう終わったのです。

いまのような「平時が危機」の時代では、最新の情報をもっている現場の人間が、その都度関係者と協議しながら、その場で判断していかないと物ごとが進みません。また、現場の人が自律的に判断していこうと思ったら、まず自分はこういうふうにやりたい、やるのだという意思を持たなくてはなりません。組織を構成する一人ひとりにリーダーシップがなければ、会社はまわっていかないのです。

仕事を離れて考えてみても、誰もが自分の人生におけるリーダーなのです。自分以外に、自分の人生におけるリーダーはいない。他の人の言うことを聞いて一生を終わるなんて意味のない人生です。第一、それでは面白くない。だから自分がリーダーシップをもつということは、若い人にこそ必要なのではないかと僕は思います。自分自身の人生さえ他人まかせの人が、人の上に立ったときにリーダーシップを発揮しようとしても無理な話です。もともとないものは出せないのです。

ですから、リーダーシップというのはすべての人にとって、仕事を全うするために、そして自分自身の人生を全うするために、非常に重要なテーマだと思います。

この本は、二〇〇八年秋以降の世界同時不況を受けて、「危機におけるリーダーシップ」に焦点を当てて書いたかたちになっていますが、実際は、企業はいつも危機に瀕しているのです。有事と平時、危機とそうでないときを区別することなどできません。

今回の不況がなかったとしても、安心していられる企業なんて全世界に一社もない。国内市場だけではなく、グローバル市場で、毎日熾烈な競争が繰り広げられている。新しい企業が発展途上国からどんどんやってくる一方で、先進国の企業はいままでと違う概念で勝負をかけてくる。いまは恒常的に危機の時代なのです。

そんな中で、生き延びることだけを考えることは、最悪の結果をもたらします。野球やサッカーなどのスポーツでもそうですが、ピンチはチャンスなのです。

いまのピンチは、時代が大きく変わったことからきています。ならばその次はどうなるのかを考えて、能動的に「自分はこういうふうに動こう」と思わない限り、チャンスはつかめない。

チャラン氏もこの本のなかで「いかなる長期的な経済停滞も、その気のある者にとっては、チャンスである」と書いていますが、まさにその通りだと思います。

ある種の楽観性をもって、能動的に動いた人だけが、次の時代の勝者になれる。消極的にピンチをどうやって逃れようと考えたらピンチの餌食になるだけです。

チャラン氏は、危機におけるリーダーの条件として「未来に打ってでる勇気があること」を挙げています。「何とかゴールまでたどり着けたとしても、そこに何もなければ意味がない」と。

僕は、次のように考えています。

長いトンネルを抜けたところにぽっかりとパラダイスがある。でも、そこにいられるのは一日だけ。そのあとにまたトンネルがずっと続いている……。

そういう状態をむしろ楽しめるようでなければ、やっていけません。不況だからといって、なにも殺されるわけではない。よっぽど業績が悪くなればは給料はダウンするかもしれないけれど、それが直ちに生きるか死ぬかと言う問題につながるわけではない。

危機にあっても、その中で自分自身、自分の部署、自分の会社がどうやって収益をあげるのか、どんな成果を出すのかを考え続ける。そして、考えたことを徹底的に実行する。そうやって成果を出していけることは、「面白い」ことなのです。

危機的な状況におかれると、「苦しい、苦しい」と言いたくなりますが、そう言っているとよけい苦しくなる。自分から危機を追いかけて乗り越えていくほうが、危機に追いかけられてその餌食になるよりは、よほど勝算がある。

自分の仕事をやり、その仕事で自分の運命を切り開く以外ないとすれば、そこに徹底して楽しむことを入れないと続きません。チャラン氏は、危機におけるリーダーの条件として、「楽観的な現実主義者であること」を挙げています。

困難に直面したとき、真剣になることは必要ですが、深刻になってはいけないのです。楽観的に、徹底的に、実行を重ねれば、おのずと道は開けます。

僕は、経営者の究極の役割は、会社を潰さないことだと考えています。会社を潰したら元も子もありません。今回の金融危機で破綻した会社をみてもわかるように、黒字であろうと資金繰りが悪化すれば終わりです。

チャラン氏がこの本のなかで、一貫してキャッシュにこだわっているのは、格付けが引き下げられて、社債も発行できない、融資も受けられないという会社がアメリカで激増したからです。GMのような巨大企業でさえ、資金繰りに行き詰まって、政府の支援を受けることになりました。これは、自由競争市場を信奉し、政府介入を悪とするアメリカでは、きわめて異例のことです。それでも破綻は免れませんでした。

GMと対照的なのがトヨタで、あれだけの現金保有額がありながら、さらなる資金調達に動きました。やはり手元資金がないことには、安心して経営ができないわけです。

商売の本質は、どれだけはやく、どれだけ多くキャッシュを得るかです。商品をつくって、売って、キャッシュにし、それでまた商品をつくって、売って、キャッシュにする。そのサイクルを効率的にまわすのが経営の基本です。

ユニクロの店長が目指す最終の姿は、社員フランチャイズで自分がオーナーになって、自分の会社で「ユニクロという事業」をやることです。商売の仕組み、数字に対する理解がそのレベルまで行かないと、僕が言っていることの本当の意味はわからないでしょう。

チャラン氏は、年次目標、月次目標でさえいまのような不確実な環境のなかではすぐに意味をなさなくなる、と指摘していますが、われわれのようなシーズン商品を扱っている小売業ではそれが普通です。一年五二週は、半期、四半期、月、週といった単位にわけることができますが、われわれは、毎週商売の結論を出して、次の週にやるべきことを決めて実行するようにしています。数字を見てその都度結論をきめ細かく出していかなければ、最も重要な「実行」に結びつきません。

とくにわれわれは土日で売上げの半分を稼ぎますから、土日が終わって、この一週間の商売はどうだったのか、次の週はどういうことをしないといけないのかを決めます。

小売業に限らず、どういう業種であろうと、毎日は無理でも少なくとも週に一回は数字を締めないといけない。松下幸之助さんは、決算は年に一回だけ行うのではなく、毎日やればすばらしい会社になると言っています。

前述のハロルド・ジェニーン氏のおしえは「経営はまず結論ありき」です。まず、ゴールを決め、そこから逆算していま何をすべきかを考える。ゴールと現在地の距離を測るために必要なのが数字なのです。だからこそ、チャラン氏は、会社の数字を司るCFO（最高財務責任者）のことを、「CEOの最後に頼れるアドバイザー」と言っているわけです。

チャラン氏は、この本の中で、CEO、CFOをはじめ、会社の各部門のリーダーがこの危機において何を優先的にすべきかを章別に書いていますが、同時に「（自分の部門についての章を読んだあと）他の部門についての章もぜひ読んでいただきたい」とよびかけています。

自分の部署だけでなく、他の部署で起こっていることにも関心を向け、同僚の直面している課題を理解し、一番よい方法をともに考える。これが、全員が「経営者マインド」をもつということです。

この本は、今回の危機の間だけ有効なのではなく、恒常的な危機という現代のビジネス環境において勝ち抜いていくために不可欠な「全員経営」の普遍的な教科書となるでしょう。

徹底のリーダーシップ

目次

第2章

本物のリーダーはどう行動するか……65

contents

contents

Ram Charan

contents

LEADERSHIP IN THE ERA OF ECONOMIC UNCERTAINTY

序章

六週間で「一〇〇年に一度の危機」に対応した会社

経済危機が世界中に拡大し、金融業界以外にも及びつつあるという最初の兆しにデュポン会長兼CEO（最高経営責任者）のチャド・ホリデーが気づいたのは、日本の顧客を訪問しているときのことだった。業界において世界最大規模の、高い評価を得ているその日本企業のCEOは、手元資金に不安があるので、幹部に金融危機の悪影響が広がったときに備えてキャッシュの確保を命じた、と話した。

さあ、大変なことになった！

ホリデーは、帰りの飛行機が月曜日の夜にアメリカに着陸するやいなや、デュポンのトップ六人のリーダーに連絡し、翌朝七時に集まるよう命じた。そして尋ねた。いま、どのくらい深刻なことになっているのか。事態はどこまで酷くなりうるのか。

その後数日間で、ホリデーのもとに厳しい見通しが寄せられた。金融業界で生じた問題は、デュポンの国内外における事業の多方面に影響を及ぼしていた。当初はウォールストリートでの信用危機と見えたものが、ヨーロッパ、ロシア、そしてアジア広域でパニックを引き起こし、グローバル危機の様相を見せていた。信用は収縮し、企業は運転資金不足にあえいでいた。

問題がいかに深刻かを示す兆候は、あちらこちらで見られた。

デュポンが本社を置くデラウェア州ウィルミントンは、普段は企業活動関連の訴訟が多いところである。アメリカの多くの企業がデラウェア州に本社を置いており（デラウェア州法による会社設立は他州に比べて容易なため）、これらの訴訟はウィルミントンのデラウェア州衡平法裁判所でとりおこなわれるからだ。

ビジネス環境の異変は、デュポンがウィルミントン市の中心部に所有するホテルの予約が、一〇日間で三〇％減ったことにも表れていた。顧客企業が訴訟費用を節約するために、係争中の訴訟に決着をつけたため、弁護士が予約をキャンセルしたのである。

より顕著な異変は、多くの企業における生産ペースの鈍化というかたちで表れていた。

デュポンの塗料はアメリカで生産される自動車の三〇％に使用されており、通常は新車に塗装される四八時間前に生産される。この短いリードタイムを維持するために、自動車メーカーはデュポンと製造スケジュールを共有している。だが、突然そのスケジュール自体が消滅した。販売の激減を受けて、自動車メーカーはもはや何をつくっていいのかわからなくなっていたのだ。

何らかの手を打たねばならないことは明らかだった。

デュポンには、最先端の危機管理計画がある。「会社の危機《コーポレート・クライシス》」と名づけられたこの緊急時用の計画が発動されると、経営幹部が直ちに集合し、危機の原因を見きわめ、対応措置を講じるのだ。この計画が実施されることはきわめて稀である。直近では、9・11の同時多発テロの直後、そして大型ハリケーンの後に発動された。

ホリデーは、近づきつつある金融危機は、この計画を発動するに値するほど深刻なものなのか、それとも危機を宣告することで六万人の社員を不必要に怯えさせることになるのか、判断を迫られた。経済状況の悪化を示す徴候が急速に拡大する中で、ホリデーは、これは間違いなく「会社の危機」であると確信した。

計画に基づき、緊急時用に編成された一七の常設チームが呼び出された。その後四日間で、危機は金融分野に限定されると判断したため、八チームが解散。最終日の四日目に、残りの九チームが、会社が生き残るために何が必要かを決定した。世界中の社員に、何が起こっているかを知らせるときがきたのだ。

社員とのコミュニケーションには複数の手段をとった。ホリデーは、社内でも高く評価されているチーフエコノミストと年金基金の運用責任者を呼び出し、この危機の原因と、それによってデュポンが受ける影響を平易な言葉で社員に説明できるように備えた。一方で、年金基金の運用責任者は、一八〇億ドルの退職金基金の投資オプションについて社員に解説するための材料を準備した。この危機対応計画が作られてから一〇日の間に、デュポンの全社員はマネジャーから直接、この危機に際して会社が何をなすべきか、説明を受けた。各社員は、自分がいますぐできるコスト削減策を三つ挙げるように指示された。この対話プログラムが開始されてから数日後、同社はアンケートを実施し、社員がこの危機の本質についてどれくらいよく理解しているか、どのような心理状況なのか（不安に感じているのか、危機に立ち向かおうと奮い立っているのか）、そして彼らがいまやるべきことをやっているのか、を確認した。

社員はおおむね、危機についてよく理解しているようだった。メディアも金融危機のニュースを大量に流していた。手元資金を確保するための対策が次々と講じられた。出張は大幅に抑制、不要な社内会議は中止、そして可能な限り、外部のコンサルタントや契約社員を削減した。

しかしながら、ホリデーは、事態の緊急性について、社員の理解が足りないのではないか、という気がしていた。

「振り返ってみれば、われわれは、社員を安心させ、この危機は乗り越えられるという自信を持たせることに気をとられすぎていたようだ。その結果、この急速な景気の悪化の中で必要とされるスピードで反応できていなかった」

ホリデー（二〇〇九年一月よりCEO職を退く。会長は留任）は、CEO、CFO（最高財務責任者）とともに、デュポンのトップ一四人のリーダーとそれぞれ一時間半ずつのミーティングをし、危機対策として何をやっているかを説明させた。彼らは一様に、長いリストを持参し、多くの手を打っていると自信を見せた。しかし問題は「どれだけたくさんのことをやっているか」ではなく「いかに早くやるか」だった。

「彼らは来年の一月にはこうします、二月にはこうします、という話をしていたが、それは一〇月にやっておかなくてはならないことだった」

緊急の危機対策が実施されてからも、デュポンは三人の幹部で構成するチームで長期的な対策を練っていた。永久に閉鎖する生産拠点と、コスト削減のために一時停止する生産拠点を振り分けるのにはある程度の時間がかかった。しかし、キャッシュを最大限残しておくには、二万人以上の契約社員を可能な限り削減しなくてはならなかった。多くの場合、契約社員は、一週間前の予告で、退職金なしに解雇できる。そして可能な場合はその穴を、生産調整を行っている拠点・停止する拠点の正社員で埋めた。

経済危機が拡大する中、デュポンは六週間以内で最初の対策を実施した。この先二、三年で世界経済がどこまで回復するかにもよるが、追加対策も必要となろう。景気が回復すれば、金融危機以前にあったインフレが再燃するだろうとホリデーは読んでいる。しかしデュポンはそうなったときのためにも備えている。

チャド・ホリデーは、リーダーシップが必要とされるときにそれを発揮したのである。彼は不確実性を直視し、迫りくる変化を受け入れた。不安や不確実性の中でひるむことはなかった。組織を指揮し、社員を団結させ、決断力のある行動をとった。これこそ、すべてのリーダーがいまなすべきことである。

1 The Challenge of Managing in a Toxic Environment

第1章

「キャッシュと情報」こそ命綱である

かつてこれほど大きな経営の試練があっただろうか

か。企業や産業レベルの停滞ではなく、世界経済全体が傷ついている。アメリカの投資銀行破綻に端を発した二〇〇八年九月の流動性の危機は、瞬く間に世界中の企業および消費者に拡大した。あまりに突然のことに、人々は交通事故の被害者のように呆然としてしまった。一一月までには、事実上、世界中のすべての先進国が不況か、急激な成長の鈍化に見舞われていた。

成長を続けていた国にも影響は出た。インドのGDP成長率は他国が羨むような七%台を保ったが、それすらも前年の九%に比べれば、相当な低下である。世界はかつてないほどに一体化しており、予想もできないようなところで連動しているのだ。

こうした状況下での予測や推定は、直感に勝るものではない。二〇〇八年八月時点で、ウォールストリートが、五〇年前の姿を完全に失ってしまうなんて、誰が予想しただろうか。世界規模で資本が枯渇してしまうなどと、誰が予想しただろうか。簡単に資本調達できる状況にわれわれは慣れきっていたのだ。それがこの先、事業拡大のために、どれほどの資本が調達可能であるのか、誰にもわからなくなった。

どの国、あるいは市場がどれくらいの速さで縮小するのか？　この縮小はいつまで続くのか？　その先に恐慌があるのか？　ディスインフレがデフレにとってかわられ、そのあとにインフレがくるのか？

私たちは経済がどこで底を打つのか知りようもなく、その後の世界の姿を描くこともできない。確かなのは、われわれはいま経済動乱の中にあり、そこには危険と機会が混在しているということだ。

金融の「津波」は長い時間をかけて醸成されたものであり、その被害も長引くだろう。どれだけ長引くかは、世界中の政府、金融界、産業界のそれぞれのプレーヤーのシステム再建能力にかかっている。経済をエンジンに例えるならば、信用は潤滑油である。信用とはつまるところ、信頼の創造である。すべてのプレーヤーが他のプレーヤーの意図と能力を信頼することができるまで、停滞は続くだろう。

これまでの経済的平和の時代は過ぎ去った。われわれは、生き残りのための戦いの最中にあり、恐怖、不安、疑心に苛まれている。戦時においては、平時とは相当異質のリーダーシップが必要とされる。有事のリーダーは、戦略、組織、財務、そして事業そのものについて、多くの場合、思い切った変更を決断する用意がなければならない。しかもその決断は、何とか手に入れた間に合わせの情報をたよりに、迅速に行わなくてはならない。

本書を執筆している二〇〇八年一二月現在、私が会って話をしたビジネスリーダーたちは、不安のどん底にいるか、恐怖におののいているかのどちらかであった。そうしたCEO（最高経営責任者）や経営幹部たちは、「あっという間に奈落の底だ」とか、「こんな経済の荒れ具合は見たことがない」などと口にしていた。最も悲観的な者は、大恐慌並みの破局がくるかもしれないと考えていた。世界経済が平常化するには、一年以上かかるだろうと言う者もいれば、三年は必要だと言う者もいた。

しかし一方で、どんなに厳しい事態になろうとも、それを乗り越えていくために事業の見直しにかかっているリーダーもいる。成長軌道に戻ったときにかつてないほど強靭になっているために、ここぞとばかり変革に取り組んでいるのである。そのためにライバルを出し抜いて、新しいかたちで顧客のニーズを満たす機会をとらえようとしている会社もある。こうしたところから、次の経済成長期にゲーム・チェンジャー（ビジネスのルールを書き替えるほどの革新性を備えた組織・人）が出てくるであろう。

何はさておいても現金を確保

かつて経験したことのないほど深刻で、広範囲で、長期間の不況に直面したとき、リーダーは、自社の将来像とあるべき経営について、根本的な考えを修正しなくてはならない。緊急の課題は、「最悪のシナリオ」に備えて、迅速に、決断力を持って行動することである。デュポンのような危機対応の計画および手順が存在しない場合、そうした行動をとることは、想像以上に難しいことである。

人は、自分の会社が危機を乗り越えるための能力を過大評価しがちである。「私たちは大丈夫である」という希望的観測があるからだ。そのような誤った楽観主義は無為無策につながり、重大な結果をもたらす。リーダーが用心深く最悪の事態に備えたならば、結果は多少ましになる。そして、最終的には何とかなるものだ。しかし、リーダーが「最悪のシナリオ」に基づいて行動しなければ、会社が犠牲になるだろう。そしてリーダー自身のキャリアもそこまでである。

経営者は、重点を損益計算書から貸借対照表《バランスシート》にシフトさせなくてはならない。意識しているといないとにかかわらず、キャッシュを確保することは、ほとんどすべての会社にとって、最も重大な課題である。今回の危機が発生する前は、ビジネスが成功していることを示す指標は一株あたり利益や、マーケットシェア拡大による増収だった。いま、最も重要なのはキャッシュである。増収を追求するよりも、会社のあらゆる動きがキャッシュにどのような影響を及ぼすかを理解することのほうが大切だ。この嵐を乗り切るためには、絶対的に十分な手元資金、あるいはそれをすぐに確保するための調達先が欠かせない。今日の情報技術をもってすれば、経営者は日々の手元資金残高を知ることが可能であり、また、知っておかなくてはならない。

キャッシュの源は三つある。ひとつは事業収益、もうひとつは運転資本（在庫、売掛金）、そして資産売却である。この三つすべてを積極的に使わなくてはならない。売り上げは、利益率だけでなく、在庫現金化の速度、代金回収の速度という観点から評価しなくてはならない。投下資本利益率（ROI）で評価されていたプロジェクトも、現在の状況下では、必要となるキャッシュの量とその回収速度という観点から見直さなくてはならない。

なぜキャッシュがそれほど重要なのか。それは、二〇〇八年秋以降のアメリカ自動車業界の窮状を見れば一目瞭然だろう。まず、消費者のニーズが、利益率の高いSUV（多目的スポーツ車）から燃費のよい車に移ったところに、信用収縮が直撃した。消費者に受け入れられるような新しいモデルを懸命に開発している最中にも、自動車とトラックの売り上げは激減していった。潮目の変化があまりにも急だったため、ゼネラル・モーターズ（GM）は一一月に入ると、政府の支援がなければ手元資金は一年持たないだろうと発表した。

ビッグスリーは、一社として、十分な手元流動性を確保できてはいなかった。三社の売り上げは惨憺たるもので、ほとんど現金収入がなく、商品は在庫として積み上がっていた。かといって、信用力が低すぎて資金調達どころではなく、主要事業に関係のないと思われる資産のほとんどを売り払ってしまっていた。

自動車業界の問題は、今回の危機以前からのものだが、流動性を失うと、これほどの巨大企業でも、たった二週間で行き詰まるということを示している。

ゼネラル・エレクトリック（GE）の場合を見てみよう。GEは、トリプルAの評価を得ている、基本的に健全な会社だが、二〇〇八年三月と九月の世界同時株安によって打撃を受け、同社CEOは、外部から法外な金利で資金調達することを迫られた。経営幹部は、事業そっちのけで流動性確保に奔走したのである。

流動性の欠如は、いつなんどき致命的な脅威となって会社に襲いかかってこないとも限らないので、経営の舵は慎重にとらなくてはならない。まず、「最悪のシナリオ」を前提に、キャッシュベースでの損益分岐点をできるだけ早く引き下げておく。このキャッシュベースでの損益分岐点を見れば、経営者は何をすべきかがわかる。ある製品ラインを廃止するかどうか、工場を閉鎖するかどうか、販売チャネルを整理するかどうか。想像しうる最悪の状況で生き残るために、これらのことを判断するのである。

「最悪のシナリオ」を過小評価してはならない。たとえば、最も深刻な不況になった場合、借入金返済計画にどのような影響が出るか。借入契約に違反することはないか。

多くの事業者は、返済期日が二〇一〇年の半ばであることから、まだ大丈夫、と考えている。しかし、それまでに融資限度額を使い切ってしまった場合はどうするのか。また、株価の急落で年金運用が赤字に転落している場合は、これを穴埋めする必要があることも忘れてはならない。手元に残るキャッシュを計算する場合は、これらの要素をすべて考慮する必要がある。

厳しい状況は、予想以上に長引く可能性がある。二〇〇八年九月には、アメリカの小売業界が大打撃を受け、「一〇〇年に一度の大洪水」とも言われたが、これは消費者行動の根本的な変化を告げるものだった。この傾向が世界中に広がり、現金不足になった消費者がモノを買い控えれば、需要がさらに落ち込むか、このまま低くとどまることも考えられる。よって、向こう一年、二年、いや、三年くらいは、キャッシュベースでの損益分岐点を計算する際に、流動性を重視しなくてはならない。

私がコンサルティングをしているある会社は、二〇〇九年、二〇一〇年連続で、販売量一〇%減、販売収入一二%減を見込んでいる。この会社のCEOとCFO（最高財務責任者）は、借入金の返済期限がくる二〇一〇年も、金融および消費市場の停滞が続いている場合のことをあらかじめ計算に入れている。

成長を定義し直す

これまで、一心不乱に成長を追い求めてきた経営者は、成長至上主義の考え方そのものを修正するときがきている。CEOの中には、ライバルの体力が弱っているいまこそ、シェアをとりにいけ、と社員をけしかけている向きもある。それが許されるのは、利益を出せて、キャッシュ効率がいい場合だけだ。つまり、シェア拡大を目指してよいのは、それによって得られる利益が、在庫積み増し、売上代金回収の遅延、または複雑性の増大などによって、大幅に目減りすることがないときに限られる。

新しく獲得した市場におけるキャッシュ効率は、非常に重要である。デトロイトのビッグスリーは、明らかにこのことを認識していなかった。自社の乏しい資源が底を突き、政府の支援を求めているときでさえ、自動車業界の幹部たちは、シェア奪回を画策していたのだ。それは完全な幻想にすぎず、その計画が実行に移されていたら、壊滅的な結果をもたらしただろう。彼らがすぐにでも取り組むべきだったのは、シェアの縮小、製品ラインの削減、顧客基盤の整理である。つまり、キャッシュ効率がよく、利益率の高い部門に力を集中することだった。

突発的な流動性の危機に備えるということは、意図的に収益やシェアを減らすということ、過去にはありえなかったようなことを考えることでもある。これを、アンダーウエアメーカーのヘインズブランズのCEO、リッチ・ノールは、このように表現した。

「悪いときに身を守るためには、いいときの儲けの一部を差し出すことを躊躇してはならない」

私の知っているあるCEOの会社では、商品を値上げして販売量は八％落ちたが、新価格が定着してキャッシュフローが改善した結果、経営が安定した。これは、危険な賭けではあった。私は、こういう環境の下では、最も利の薄い顧客に対してだけ、値上げをするように提言した。顧客が否定的な反応をした場合は、その顧客を切り捨てる覚悟も必要である。クレジットカード会社は、顧客のクレジット残高に対する金利を積極的に上げてきている。

買収をしない会社は、二年後にはいまより確実に小さくなっている。それが新たな現実だ。キャッシュに窮しているプライベート・エクイティ・ファンドは、買収した企業を売りに出し始めている。なかには一ドルというとんでもない値段で！

需要減と流動性リスクの中で、ほとんどの企業は縮小を余儀なくされている。キャッシュベースでの損益分岐点は、人員と事業規模の削減が必要であることを示している。苦痛なことではあるが、経営者はその現実を直視しなくてはならない。生き残りの鍵は、コスト削減とキャッシュ獲得にあるからだ。しかし、選択的なコストカットをすることで、この差し迫った要求を、逆手にとることはできる。いまは焦点を絞り、何より重要な中核事業を死守するときである。残すべきマーケットセグメント、顧客、製品、サプライヤーを選び、あとは捨てるのである。

規模を縮小することとは、プロセスを簡略化し、マネジメントの階層を減らす機会にもなる。結果として、より少ない顧客、より少ない製品、より少ない施設、より少ない人員、より少ないサプライヤー、そしてより強くなった会社が残るのである。

コスト削減と流動性という「必要」を、会社の立て直しと事業の見直しのために生かせば、攻撃に転じることも可能だ。ピンチをチャンスにすることで、競争相手に比べてより強く、より優れた、より柔軟な、より好条件の会社に生まれ変わることができる。

「徹底した経営」と「地べたの情報」

多くの経営者が日々の経営において大幅な変更を余儀なくされる。不安定な環境の中で成功するためには、事業運営上の頻繁な調整と、時として混乱を伴う突発的な変更が必要となる。同時に、私が「徹底した経営（management intensity）」と呼んでいるものが必要になる。すなわち、事業運営および社外環境を細部まで把握し、経営者自らが現場に積極的に関与していく、ということである。

オフィスで報告書を読んで指示を出すだけでは不十分だ。会社の外では何が起こっているか、顧客はどうしているか、そして社内で事業がどのように運営されているか、経営者は詳細に理解していなくてはならない。社内の異なる部門同士をより強固に結びつけ、社外につながなくてはならない。計画とその進捗状況は、毎日確認しなくてはならない。

リーダーには、全体的、長期的、戦略的な思考も必要だが、自らが積極的に動き、頻繁に顔を見せ、日々のコミュニケーションをとることも忘れてはならない。経営者の基本理念は、「手も口も出す」であるべきなのだ。

「徹底した経営」の勘所は、この不安定な環境において、自社の事業に影響を及ぼすような変化を細部まで把握しているということである。経営者が手にする情報は、現場から迅速に集められた、詳細で、最新で、無選別なものでなくてはならない。これは私が「地べたの情報」と呼んでいるものだ。つまり最前線にいる者だけが得ることのできる「生の情報」である。最も重要なのは、顧客に関する情報である。

たとえば、ウォルマートでは、創業以来初めて、ベビーフードの売り上げの推移が月二回の給料周期と一致したことにより、家計が給料日から給料日へ食いつなぐという逼迫した状態にあることがわかった。これこそが最前線の情報である。

また、貸し渋りや、雇用不安といった景気停滞の影響により、消費者行動がどのように変わるかについても、詳細に把握していなくてはならない。消費者と取引先は、この新たな現実にどのように対応しているのか、あるいは対応しきれないでいるのか。彼らの財務状況および競争力はどうなっているのか。

ある会社がパソコンをつくっていたとしよう。そのパソコンを購入する窓口は企業においてはIT部門の責任者だが、エンドユーザー、つまり本当の顧客は、その会社でパソコンを実際に使う社員である。もし顧客企業が人員削減をしているのであれば、その企業からの注文が減ることを覚悟しなくてはならない。

経営者も現場に出て、消費者のふるまいがどのように変化しているのか、観察すべきだ。小売業の経営者が、ファーマーズマーケット（農産物の産直販売市場）も含めた、消費者が利用しているさまざまな売り場のもとへ自ら出向いていくように。

少なくとも、顧客に近い社員とは、ひざを交えて話すべきである。営業部門の人間は、仕事の性格上、楽観的にすぎることはあるにしても、重要な生の情報の持ち主である。業界に通じていて、顧客企業の工場長や販売、マーケティング部門の幹部とよい関係を築いている場合はなおさらである。

サプライヤーやビジネスパートナーについても最前線の情報が必要だ。彼らがいま何をしていて、何を感じていて、何を見ているか、注意深く探るのだ。彼らの借入枠、原材料価格、財務の健全性については、彼ら自身が一番よくわかっている。

自社の財務の健全性と流動性に直接影響を与えるような活動についての詳細な情報（たとえば在庫残高や売掛金残高）は、毎日チェックしなくてはならない。四半期ごと、あるいは月次の報告は、最前線の情報ではない。ある製品の在庫が日々積み上がっていることがわかれば、それが手元資金をさらに減らすことになる前に手を打つことができる。

こうした情報のすべてを社内で出し合い、共有し、じっくり検討することで、表面化しつつある重要な事実と傾向をつかむ。たとえばある製品の売れ行きが場所によって異なる動きを見せていたり、競争相手のある製品が他の製品よりいい動きを見せていたとしよう。そのときは、地域別に広告を変えるなどして、すぐに手を打つことが可能である。

最も重要なことは、全体的な傾向をつかむことだ。そうすれば、最大の顧客からの発注が四〇%減ったとしても、うろたえることはないだろうし、会社を守るための対策を迅速に打ち出すことができる。ある大手自動車部品メーカーでは、最前線の社員が得た情報が顧客である自動車会社の見通しと異なっていた。この部品メーカーは、自分たちの情報に基づいて行動することによって、余剰在庫と無駄なキャッシュの流出を相当程度防ぐことができた。

社内の対話は部門横断的に行う。そうすれば、異なる部門で何が起こっているのかを互いに知ることができる。結果として、社内が協調して、迅速に動くことができる。

会社と経営者が直面している状況を、バスケットボールに例えてみよう。プレーヤーたちは、相手チームがどう出るかを瞬間的に判断し続けながら、ディフェンスを突き崩すパスを直感的に出す。それが最終的に誰の手柄になるかなどとは考えもしない。バスケットボールは、高度な一体感を要求する、スピードと、瞬間性と、柔軟性のゲームである。いまのような環境においては、経営における精度、スピード、瞬間性、柔軟性のどれかが欠けることは、会社をあっという間に奈落の底に突き落とす最大の要因になる。社員全員がチームとして一体となることによって初めて、精度、スピード、瞬間性、柔軟性を獲得し、迅速な決断と実行が可能になるのだ。

計画、目標は短期で管理

会社経営は、ほとんどの場合、年次目標に基づいて行われており、目標に対する達成度を四半期ベースで測定している。しかし、いまや目標達成度を判断するのに年次という期間は長すぎる。状況があまりに速いスピードで変わっているために、年次目標は設定した一週間後、二週間後にはもはや絶望的なまでに実現不可能なものになりうるからだ。

目標は四半期ごと、月ごと、場合によっては週ごとに定め、管理の頻度を高めなくてはならない。いまよりも頻繁に、目標や主要な経営指標を管理し、進捗状況を確認し、修正を行う。もし、設備稼働率を四半期ごとに見ているのであれば、それを月ごとに改める。それによって、状況が変わったときに即座に軌道修正することができる。

不安定な環境においては、ビジネスモデルおよび経営戦略の寿命は短くなる。アイデアや計画が想像以上の速さで時代遅れになってしまうのだ。実際、景気が回復する前に、何度も戦略を変える必要が出てくるかもしれない。いま経済を覆っている霧が晴れるまでは、柔軟性と、キャッシュの確保こそが正しい戦略である。

経営者は、社員との距離を縮め、経営指標をこれまでより頻繁にチェックすることで、現在の戦略、ビジネスモデル、戦術、あるいは実行力などが機能不全に陥っているという危険信号に早く気づくことができるだろう。その過程は時間との戦いである。短期計画と短期目標が実行されているかどうかを見るために、リーダーはあらゆることを把握していなくてはならない。

毎日の見直しが無理なら、少なくとも週ごとの見直しが必要だ。経営者が社員に疑問や助言を投げかける場合は、とにかく迅速でなくてはならない。今日起こった問題への質問や助言は、明日になれば意味をなさなくなるからだ。

予算も早晩削減を迫られる。予算は、通常一年単位で、右肩上がりの予測に従って立てるものだが、このやり方で予算を立てる会社は、ほぼ間違いなく失望を味わうだろう。

多くの会社では、二〇〇八年度の予算を、第3四半期には使い切っていた。その時点で損失を挽回するチャンスはほとんどなく、予算自体が無意味になった。しかし、事業計画も、報酬も、その他もろもろのことも、すべては予算によって決まるようにできている。ここで必要な柔軟性とは、予算への発言権がある社員全員が一緒になって数日の間に予算をつくり直し、それを月ごとに確認、訂正することである。予算項目を減らせば、このプロセスがやりやすくなるだろう。

「徹底した経営」は、会社が生き残るために決然と行動しながらも、はるか先、はるか向こうまで見据えていることを意味する。最前線の情報を用いて、この不況の間、そしてそのあとに世界を変える力を見つけだそう。

世の中がどこへ向かっているのかを見きわめるのは易しいことではない。絶好調のときであっても、未来は往々にして霧がかかったようにしか見えないものだが、不屈の精神で未来に狙いを定め、実務的なアプローチをもって最悪の事態に備えて行動すれば、リターンは大きい。未来から送られてくる新たな光線を感知し、攻撃に転じることができるからだ。

たとえば二〇〇八年一一月、アメリカの自動車業界は売り上げの急減で動揺していた。しかしフォードは原油価格が一バレル六〇ドルまで下落したことで発生した新たな需要に対応すべく、トラック生産量を増加した。この需要は、原油価格が一バレルあたり一〇〇ドルだったときには顕在化していなかった。もちろん、これだけでフォードがこれから襲ってくる逆風から逃れられるわけではないが、需要の変化に応じた商品構成の柔軟な見直しが重要なのだ。

消費者の低価格志向が定着した商品については、マーケットシェアに固執してキャッシュを失うよりも、そのマーケットセグメントは切り捨てることが将来の成功に向けた布石を打つことになるかもしれない。

現実を見せつつ、勇気を与える

現在、経営者は、どの社員を残し（どの社員が本当のチェンジ・エージェントかを見きわめ）、どの社員を切るか、どの部門の予算をどれだけ切るか、どの工場を閉鎖してどこを残すかなど、数々の難しい決断に直面している。「徹底した経営」は、こうした決断を迅速に下すことでもある。

しかし、すべての質問に答え、すべての角度からものごと見る時間がいつもあるとは限らない。それでもリーダーは、最前線の情報を使って、行動を起こす勇気を持たなくてはならない。

経営者はまた、妥当性を失った過去の決断をくつがえすことも厭うべきではない。ある会社は二〇〇八年の初夏に、向こう二年間、巨大な投資を伴うサプライチェーンの大規模再編を行うことについて役員会の承認を得た。しかしその秋、わずか一カ月で売り上げが一〇％も落ちたのを受けて、役員会はこの計画に待ったをかけた。彼らは少しでも手元資金を残しておくために、サプライチェーン再編によって得られるであろうメリットを先送りにしたのである。この会社は、今後必要となるサプライチェーンは、それまで計画していたものとは別物になると想定している。

経営者は、未来とも果敢に向き合わねばならない。

予測や見通しといったものは、いま何の意味もないように見えるだろう。しかし、経済はいつかは回復する。そのとき、市場は最高の状態に、競争相手は最強の状態になっていることを想定して備えなくてはならない。それに基づいて、経営のエネルギーの割き方、イノベーションのための投資先、戦略的買収の対象、開拓すべき顧客と販売チャネル、そして新たに開発すべき製品を決定するのである。このときに、それまでためたキャッシュが、防御にまわっている競争相手の機先を制するための元手になるだろう。

経営者が積極的なやり方で、断固として行動すれば、社員に希望と自信を与えることができる。もちろん自らの希望と自信にもつながる。機会を見いだし、それを果敢に追求すれば、社員は勇気づけられ、目の前の不安が根拠ある楽観に変わる。経営者の行動、そして言葉は、社員の知力、体力、気力を方向づけるのだ。

経営者が現場にいることは、社員を鼓舞し、不安を自信に変えるために重要である。しかし、ただ現場に行けばいいというものではない。本物であること、すなわち、揺るぎない高潔さ、知的誠実さ、率直さ、現実を直視する能力を備えていることはどんなときでも重要だが、いまのようなときは、絶対的に必要である。現実を表に出し、その現実に対して決断力を持って取り組むことを通じて、経営者は、社員に勇気と希望を与えなくてはならない。

経営者は、現実的かつ着実な進路を示し、会社が掲げる価値を損ねることなく困難な仕事に取り組む気概のあるチェンジ・エージェントを巻き込まなくてはならない。真実を一部しか語らず、悪いニュースをごまかしたりする経営者を社員は信じなくなる。のみならず、そのような行為は社員に危機感を失わせてしまう。

「縮小」を経て再び強くなる

この章では、いま直面している困難を克服するために、経営者がとるべき方策について、全般的な話をしてきた。続く八つの章では、会社の各部門でリーダー的な立場にある人がとるべき行動について述べる。読者は、自分の部門に関する章をまっ先に読みたいと思うだろう。そこを読んだら、他の部門についての章もぜひ読んでいただきたい。社員同士がお互いの感じているストレスや負担について知ることがいまほど重要なときはない。社員一人ひとりが同僚の置かれている状況を知ってこそ、チーム一丸となって会社全体のために仕事をすることができるのだ。

これまで述べてきたように、多くの会社は、この不況によって縮小を余儀なくされる。顧客も減り、商品数も減り、サプライヤーも減り、社内のポストも減るだろう。しかしこうした切り詰め、削ぎ落とし、集中によって、仕事の手順は簡素化、効率化され、会社はより強くなる。

さらに重要なことは、経営者と社員は、過酷な戦いに対する勝利という「遺産」を共有し、いまよりずっと明るい未来において、会社をさらに高いレベルに導くことができるのだ。

難局においてリーダーに絶対必要な六つの資質

よいリーダーは、あらゆる重要な習慣や特性を備えていなくてはならないが、この大不況を乗り切るために最も重要な資質は次の六つである。

1　誠実であり、信頼できる存在であること

これは、簡単なことではない。ビジネスをとりまく環境、その行方について確信を持っている人などひとりもいない。自分でも正しいかどうか自信が持てないことを、他の人に信じろと言えるだろうか。ごまかしやはったりはきかない。リーダーの言っていることが正しいかどうか、いまや誰もがグーグルで検証することができる。リーダーに唯一可能なことは、知的誠実さと謙虚さを忘れないことである。リーダーは、全知全能だからではなく、理解と解決をもたらす存在だからこそ権威を持っているのである。リーダーは社員に対し、虚心坦懐に自らの世界観を伝え、自分の限界を認め、また、社員たちの意見を聞くべきである。それは勇気のいることかもしれないが、一人で考えるよりも、より正しい見方ができる可能性が高まる。

2　社員、部下を鼓舞し、勇気づける存在であること

これは、常に重要なことだが、難局においては決定的に重要である。大半の人は不安になっている。「津波」はあまりにも突然やってきて、苦労して貯めた財産を吹き飛ばし、雇用を脅かし、人々は自分たちが見たり聞いたり読んだりしていることが信じられなくなってしまっている。さらに悪いことには、どうすればこの状況から抜け出せるのか見当もつかず、多くの人は希望を失い始めている。リーダーはこんなとき何ができるのか。

まずは自分の側近チームから始めよう。このチームが、組織全体を勇気づける役目

を担う。リーダーは、側近チームとともに、この嵐を無事に乗り越えるという決意を深める。そして、彼らと一緒に一つか二つでよいから、将来について楽観的な絵を描いてみる。これはきわめて重要なことである。人が自分の創造性にスイッチを入れ、アイデアを出すためには、ビジョンが必要なのだ。

リーダーは、新たな優先事項に集中するよう、チームを鼓舞する。まずは自らがそうすることによって。リーダーはまた、成功を積み上げていくような決断を下すことで、チームを勇気づける。こうした成功は、さらなる成功を実現するための強力な後押しとなる。

3　現実と「生の情報」でつながっていること

不安定で不確実な環境の中では、現実は動く標的である。リーダーは、「生の情報」を通じて、現実に対する認識を絶えず更新し、現在と将来の変化を監視し続けなくてはならない。そして、側近チームにも同じようにさせる。リーダーは自らの持っている具体的な社外情報は、それがどんなに悪い内容であっても公開し、チームで話し合わなくてはならない。

通常の情報源以外にもあたる。ひとつの見方に固執しない。新たな情報を仕入れたときには、いままでの見方を変えることも必要である。

4　楽観的な現実主義者であること

純粋な悲観主義は、野放しの楽観主義よりも現実的とはいえない。現状認識は、問題の大きさを理解し、それを受け入れることから始まるが、解決不能な問題などというものは、ほとんど存在しない。リーダーは、社員の目を「何が可能か」というビジョンに向けさせ、それを実現するための行動をとるよう、勇気づける。このとき、リーダーには演出家としての才能も必要となる。悪いニュースに向き合い、不安を行動に変えるための精神的余裕を社員たちから引き出すために、楽観的なムードを演出するのである。

5 細部にまで徹底的に踏み込んでいくこと

危機に際しては、リーダーの現場への直接介入は欠かせない。平時に比べて、はるかに頻繁に、事業の細部にまで踏み込んでいく必要がある。深い個人的なかかわりによってのみ、最前線の情報が耳に入り、チームとそれを共用し、議論し、必要とされるスピードで行動することができる。

社員は、リーダーが塹壕の中で自分たちとともにいることを望んでいる。リーダーが現実を把握していても、組織全体がそれを理解し、それに基づいて行動するように導けなければ、無意味である。メモや命令だけで、それはできないのである。リーダーと社員の間には双方向のコミュニケーションがなくてはならない。説明するだけでなく、相手の意見に耳を傾け、疑問に答え、対話を掘り下げる。それを何度でも繰り返す。社員は感動的な言葉を聞いて勇気づけられるのではない。リーダーが現実を明らかにし、それに対してチーム一体となって立ち向かうための計画を打ち出す姿を見て、勇気づけられるのである。

6 未来に打って出る勇気があること

キャッシュを保存して当座をしのぐ必要性に直面し、リーダーは未来のことはひとまず置いておこうとするかもしれない。そのプレッシャーをはねのけるべきだ。わずかな手元資金しかなく、計画の土台さえ不確実なときに、勝つ保証のない戦略的な賭けをするには、想像力と胆力が必要である。しかし、未来に賭けることは決定的に重要だ。何とかゴールまでたどり着けたとしても、そこに何もなければ意味がない。

2 What CEO and Business Unit and Country Managers Must Do

第2章

本物のリーダーはどう行動するか

経営者のみなさんの覚悟はいかほどだろうか。

これから数年間、会社経営の試練はCEOの肩に最も重くのしかかってくる。多角化した大企業の場合は、事業部長や支社長も同様の試練に晒される。この章では、CEOがなすべきことについて述べていくが、それは事業部長、支社長クラスのリーダーにもあてはまる。

現在の経済的混乱は、金融業界のCEOの試金石となった。本物のリーダーとして認められた例は、JPモルガン・チェースのジェイミー・ダイモンである。ベアー・スターンズとワシントン・ミューチュアルが破綻したとき、引き受け先として連邦準備理事会（FRB）に指名されたのがJPモルガン・チェースだったのは偶然ではない。ダイモンは、すばらしいリーダーシップを発揮して、他社を徐々に侵食していた危険なローンやデリバティブの問題に気づき、そこから手際よく撤退して、急成長に備えた。

一方、メリルリンチのCEO、ジョン・セインは、莫大な損失を抱えた同社トップに迎えられたとき、ダイモンのような手腕を発揮するための時間がなかった。しかしながら、彼は急速に世界の金融業界が崩壊していることを察知し、他社に先んじて自社をバンク・オブ・アメリカに一株あたり二九ドルで身売りする決断をした。三日遅れていたら、買収価格は一〇分の一になっていた可能性もある。この決断は大いに評価されるべきであろう。本書執筆現在、セインはバンク・オブ・アメリカのグローバルバンキング、証券、資産管理部門のプレジデントである（二〇〇九年一月に辞職）。

これらのリーダーたちは、先を見て何が起こるかを予測し、新たな現実に対応するために、迅速かつ果敢に動いた。他の多くのCEOたちは彼らのようにはできなかったし、さらに多くのCEOが失敗するだろう。

これまでに失脚したCEOたちのリストを見ると、まさに死々累々といった感がある。

リーマン・ブラザーズのリチャード・ファルド、ベアー・スターンズのジェームズ・ケイン、ファニーメイのダニエル・マッド、フレディマックのリチャード・サイロン、AIGのマーティン・サリバン、ワコビアのケン・トンプソン、ワシントン・ミューチュアルのアラン・フィッシュマン、ロイヤルバンク・オブ・スコットランドのフレッド・グッドウィン……。

金融崩壊の「津波」がウォールストリート（金融街）からメーンストリート（大衆街）へ拡大していくのにともなって、大手家電販売のサーキット・シティのような小売業を皮切りに、より多くの会社が倒産するだろう。

難局で力を発揮するリーダーもいる。たとえばオーストリアのウィーンに拠点を置く樹脂メーカー、ボレアリスグループ社長のマーク・ガレットは、経済が大幅に失速することをそれが明らかになる六カ月も前から社員に警告していた。同社の事業は資本集約型だが、ガレットの先見性のおかげで、投資案件を本当に必要なものだけに絞り込むことができた。

こうした例はあるものの、現実としては、景気がいいときには好業績を出していたCEO、事業部長、および支社長でも、今日のような危機的状況に立ち向かう心構えができていない場合がある。

CEOは、好調なときには積極的で、楽観的で、増収増益を追求するものだ。うまくいっているときのCEOは、傲慢で、自分を過信しやすい。なかには、行き過ぎた楽観主義から、レバレッジ投資をしたり、借り入れを増やしたり、オフバランスで取引したりなど、重大なリスクを抱え込んでしまうCEOもいる。また、名経営者としてのスポットライトを浴びて自己陶酔してしまうCEOもいる。こういう経営者は、部下に経営を任せる一方で、自分は講演をしたり、議会で答弁したり、メディアの取材に答えたりと人前に出ることに多くの時間を費やす。

景気のよいときには、それもいいだろう。しかし困難な時代においては、致命的となる。一日は二四時間しかないのだ。リーダーは、時間配分における優先順位を修正しなくてはならない。

以前は精力的だったCEOでも、次々に起こることに圧倒されてしまい、適切に対応することができなくなる場合がある。最悪の場合、拒絶や抑うつに陥って、組織を麻痺させてしまう。いまは行動的で、積極的なリーダーシップと勇気ある決断が何よりも必要だというのに。

ベアー・スターンズのCEO、ジェームズ・ケインは、二〇〇七年の夏、不良資産処理という仕事を前にして、立ちすくんでしまった。「あのときは、トンネルの先に光が見えていなかった」とケインは後にフォーチュン誌に語っている。「何をしていいかわからない状態だった。どうにかすれば決断力を発揮できるとか、そういう状況ではなかった。何が起こるか見当もつかなかったのだから」。

CEOが自分の内面を見つめ、自らがどのように危機に反応しているのかを確認するのは必須である。いつにも増して、リーダーは自分の気持ちや心のありどころに自覚的でなくてはならない。嵐を乗り切るために必要な精神的な強さと心理的余裕を持っているか。どの部分で支援を必要としているか。困難な仕事をやり抜く力を持っているか。

極度な不確実性と不安定性のこの時代にCEOの仕事が一筋縄ではいかないのは、社員が安心だけでなく、具体的な指示をも求めていることに起因する。多くの社員が抱いている疑問は、素朴にして不吉なものだ。われわれは、生き延びることができるのだろうか？　そしてその先の疑問も素朴なものだ。で、いったい私は何をしたらいいのか？　CEOはそんな社員を励ましつつ、導かなくてはならないのだ。

CEOの仕事を考えるとき、二つに分けるとわかりやすい。リーダーシップとオペレーションだ。前者は、人々を勇気づけ、動機づけ、不安を乗り越えさせ、この嵐のあとの未来像を描くことだ。後者は、非常に困難で予測できない環境において日々商売をまわしていくことである。

すべてについて最終的責任をとる

CEOというのは、「最終的な責任をとる」という特別な立場である。戦艦の船長がその船で起こるすべてのことに対して責任を負うように、CEOは自分の任期中、その会社で起こったすべてのことに最終的な責任がある。真のリーダーかどうかは、退任するとき、自分が就任したときよりもその部署や会社をよい状態にして去れるかどうかで決まる。これは、景気のいいときでも難しい。景気の悪いときは、その究極の目標を達成できるのは、最も優秀なリーダーだけだろう。彼らは組織の構造を変え、イノベーションを起こす。そしてビジネスのあり方そのものを変えるような経済的混乱の中から、それによって生まれた新たな機会をつかむのである。

こうした重大な責任を果たすために、CEOができること、しなくてはならないことがある。

現実から絶対に逃げない

これこそ、いまCEOに課せられた最も重要な任務だが、先の見えない環境では至難の業だ。とてつもない不確実性と失望の中で、多くの人は拒絶反応を起こす。怯気づく人もいる。実際に、「恐怖そのものに対する恐怖」というものがある。フランクリン・D・ルーズベルト元大統領はこれを「撤退を前進に転じるために必要な努力を麻痺させる、名前のない、理屈に合わない、正当化できない恐怖」と呼んだ。

とりわけいまのような状況下では、恐怖は命とりになる。机の下にもぐって指をくわえているだけのリーダーは必ず失敗する。バックミラーで過ぎ去った過去を覗き込んでいても何の足しにもならない。将来の問題から目を逸らしているだけである。

拒絶と同じくらい危険なのが、甘い希望である。われわれは、困難に直面すると、「これはもうすぐ終わる。そうしたらまた元に戻る」と自分に言い聞かせる傾向がある。それを信じてはいけない。新しい世界がどんなものになるのかは誰にもわからないが、確かなのは、過去とは違う世界になるということだ。二年後のあなたの会社はいまと違うことだけは間違いない。リーダーがそれを信じない会社は、消えてなくなる運命にある。

問題の「解決方法」を示す

リーダーは、ぎりぎりのところでうまくバランスをとらなくてはならない。大幅な人員削減をはじめとする緊急の対策を要する深刻な危機に直面していることを社員に理解させる一方で、いまの経済環境について、ありのままの真実を説明し、説得力のある議論と現実性のある計画をもって、問題は解決可能であり、自分たちはこの困難から、さらに強くなって復活するのだということを示さなくてはならない。

社員に向けたこうしたメッセージは、投資家にも伝わるだろう。投資家もまた、投資先企業についての懸念を払拭したがっており、その企業がどのように困難と向き合い、将来に向けてどんな改革をしていくのかについての情報を必要としている。

ビジョンをかたちにするために何カ月もかけるわけにはいかない。タスクフォースをつくっている時間などない。リーダーは経営幹部を集め、会社の抱えている課題について最良のアイデアを出させ、目の前の危機に対応するためだけでなく、困難な時期を乗り越えるための道筋を示した対策をつくらせる。それは、予期せぬ出来事も視野に入れた柔軟なものであるべきだが、いかなる場合においても、行き当たりばったりであってはならない。言うまでもなく、新たな計画には取締役会の承認が必要だ。その承認を得るために、リーダーは、取締役たちの認識も変えなくてはならない。

長期的停滞も「機会」ととらえる

ものごとが順調にいっているときは、地味で、地道な変革によって会社を経営していくことが可能だが、いまはそのようなちょっとした軌道修正ではすまされない。社員の信頼を得るためには、経営者は怯まず、果敢に動くことが求められている。それと同時に、決断に至った過程、その決断が正しいという理由、それによって会社があるべき姿に向かっていく道筋を説明し、意思決定の透明性を確保するように努めなくてはならない。

売り上げ減少に対応して大幅なコストカットをするといった「守り」の行動だけでなく、「攻め」の行動にも打って出るべきだ。いかなる長期的な経済停滞も、その気のある者にとっては、チャンスである。素早い決断は欠かせない。競合が躓いた場合には、マーケットシェア奪取に打って出るべきだ。ただしそれは、利益が期待でき、キャッシュ効率のよい場合に限られる。競争相手がひどい痛手を被っているようであれば、可能性のある事業を買い取ることも選択肢の一つだ。

たとえば、ウエストマネジメントという会社は、中国との間で毎年一〇〇万トンの紙を取引している。二〇〇八年の北京オリンピック前は、一トンあたり二〇〇ドルで取引していたが、オリンピックの直後から世界経済が急激に失速し、紙の価格は一トンあたり二〇ドルに暴落した。同社のCEO、デビッド・シュタイナーは、中国における過剰生産能力を、現地オペレーション垂直統合のチャンスと見なした。それによって、「現地の製紙工場は生き残れるし、われわれは垂直統合のメリットを享受できる」とシュタイナーは語った。「二〇〇九年の最大の課題は、チャンスを見きわめることだと思う」。

この不況で、優秀な人材が突如として獲得しやすくなったことも、絶えず意識しておくべきだ。最も優秀な人材の流動性はいつの時代においても高い。そうした優秀な人材を獲得できる可能性を高めるには、この危機を乗り越えるためのビジョン、そして社員の成長を支援する体制を備えた会社であると認知されることが大切だ。

いまある計画をやり抜く覚悟

最後に、最も勇気のいる行動について述べておこう。それは「ぶれないこと」である。いまある計画をやり抜くのだ。経済が減速し始める前に進行中だった計画の中には、ほとんど意味をなさなくなったり、新たなビジョンや戦略と整合性がとれなくなったものもあるだろう。しかし、長期的には非常に重要な計画もあるはずだ。たとえば、成功すれば、利益率が上がり、新しい顧客層を獲得できるような新たな生産工程や、新製品の開発などである。そういう新事業には投資し続けなくてはならない。それこそが「投資」であり、「コスト」とは峻別すべきである。

時間の使い方を変える

危機のリーダーは、現場主義の経営をしなくてはならない。世界の現実、そして足元の現実を、これまで以上にしっかりと把握していなくてはならない。経営者は会社で起きているすべてのことについて、最終責任を負う。その任務に、過去にはほとんどありえなかったくらい「徹底的に」取り組まなくてはならない。

重要なのは、現場で起こっていることにもっと関与することである。もちろん、いまのような混乱した状況で経営者がすべての業務にかかわり、すべての決断を下すことは不可能だ。したがって、権限の範囲内で、迅速かつ適切に決断することができる部下に任せることも重要である。しかし、決断を実行に移すときにつまらない間違いが生じないよう、部下との連絡をより密にする必要がある。

経営の徹底度が増すと、経営者はオフィスで過ごす時間が増え、そのぶん社外に出る時間が減る。世の中への露出が多い経営者の場合は、向こう二年、露出を極端に減らさざるをえなくなるだろう。公的、儀礼的行事への出席は、必要最低限に抑えるべきである。経営者は、社外においては顧客、原材料のサプライヤー、そして資金調達先との関係に最も時間を費やすべきなのだ。

リーダーのすべての決断は、当面の問題を解決すると同時に、将来の指針となるものでなくてはならない。以下は、現場主義の経営の勘所を述べる。

失うことができないもの

どんなビジネスにおいても、計り知れないほど重要な資産というものがある。特定の顧客、技術、オペレーション、ロジスティックスなどに通じた社員、そして強固で伝統あるブランドなどがそれにあたる。経営者は、会社の中核となる要素や事柄を見きわめ、危機においてもそれらが傷つくことのないよう守らなくてはならない。

経営者はこのように自問すべきである。

われわれが失うことができないものとは何か。

その答えが会社の「中核」である。その中核を磨き、強化する方法を考えることに集中し、他は捨てるのだ。

問題のある幹部を切る

幹部チームは、いまや過去に例を見ないほど、組織の成功に欠かせない存在となった。上級幹部の一人ひとりが厳しい状況に対処し、希望を持って未来を見据える能力と精神力を備えていなくてはならない。経営者の仕事は、新しい光の下で、新しいレンズを通して幹部を評価し直すことである。つまり、この状況の中で、部下をひっぱっていく手腕と胆力があるのは誰かを見きわめる。

優柔不断な者、孤立しがちな者、評論ばかりしている者をそのまま残しておくわけにはいかない。そういう人間は、組織からエネルギーを奪い取る。社員は明らかに問題のある幹部がいなくなることについては大歓迎だろう。

社内抗争を防ぐ方法

いまは、能力も野心も兼ね備えた人間が、がっちりと横でつながるべきときだが、実際には、上級幹部同士が互いをライバル視して対立していたりする。とくに業績が厳しいときは、情報を隠して自分だけが手柄を立てたり、ライバルを裏で貶したりして、社内の資源を奪い合うこともある。会議でのやりとりが個人攻撃になる場合もある。皆が感情的になっているのだ。経営者は口論や社内闘争をやめさせ、直属の部下を試練に耐えうるチームとして編成し直さなくてはならない。

事業ごとに組織された会社においては、それぞれの事業リーダーが、「全体最適」の視点から仕事をしなくてはならない。苦しいときこそ、部門ごとの利害を超えて行動すべきである。経営者は、部門間のバランスを見ながら、資金、コスト、利益、売り上げについて、新たな優先順位に基づいた判断を下さなくてはならない。

野心的な事業部長たちの闘争を避けるための方法をひとつ紹介しよう。それは、いままでと異なる財務状況、新たなキャッシュフローの必要性のもとで、それぞれの部門がどうすれば会社のニーズにより貢献できるかを「チームとして」実際に考えさせるのだ。たとえば、経済状況が悪化して自社製品への需要が落ちた場合、「チームとして」どの決断を見直し、資源配分をどのように変えなくてはならないか。その答えが明確になり、会社をとりまく状況をそれぞれがよく理解し、その認識を共有することができれば、各リーダーは、より正しい判断ができるようになる。それとともに、部門間の軋轢の一部は解消されるだろう。

情報を「見える化」する

経営者は、コミュニケーションにおいては二つの責任を全うしなくてはならない。一つは情報のフローを管理すること、もう一つは社員のモチベーションを高めることである。コミュニケーションについてリーダーが理解しておくべきなのは、それが単なる情報であれ、社員を鼓舞するメッセージであれ、「一度言っただけではほとんど伝わらない」ということだ。何度も何度も繰り返し、全員に周知徹底する。さらに、メッセージは相手や発言時期にかかわらず、一貫していなくてはならない。

刻々と変化し、緊張を強いられる状況で会社をきりもりしていくために、経営者は生の情報をリアルタイムで仕入れる必要がある。そのため、幹部社員とより密に、頻繁に対話するための体制を整えなくてはならない。まずは、幹部社員にアクセスを限定した情報交換の場を、イントラネット上に立ち上げるべきだ。会社に重大な影響を及ぼすような情報は、社内発であれ社外発であれ、そこにアップし、注意を喚起するような仕組みをつくっておく。

経営者にとって最も大切な情報は、販売、マーケティング、サプライチェーン部門のトップから上がってくるものである。最新の販売情報および重要な生産材の価格情報をイントラネット上にアップする人間を一人決めておくとよい。しかし、経営者は情報がイントラネット上に上がってくるのをただ待っているだけではいけない。一日三〇分の電話会議で、販売部門とマーケティング部門の人間から直接情報を吸い上げる。毎日別の営業担当者と話すことで、一人ひとりが市場で見聞きしてきた生の情報に接することができる。CEOが彼らの情報に興味を持っているということが伝われば、過酷な状況で仕事をしている営業担当者の士気も高まるというものだ。

月例会議は、最低でも週単位に変えて、情報、視点、提案を互いに提供する。難局において、社員が集まることそれ自体が彼らを鼓舞することにもつながる。ただし、その場では、問題がいかに手に負えないかということではなく、問題解決を目指す前向きな話し合いに集中しなくてはならない。

いま、かつてないほどに「双方向のコミュニケーション」の重要性は高まっている。リーダーはよい聞き手でなくてはならない。それは、社員の話を聞くだけでなく、彼らがやる気を失ったり、困惑したりしていないかどうかを推し量ることをも意味しているのだ。

自分も「見える化」する

経営者にとっては、「組織全体のやる気を引き出す」というコミュニケーション課題もある。トップは社員を最悪の事態に備えさせるとともに、長期的な成功を目指せるよう社内の足並みを揃えさせなくてはならない。トップ自らが社員の前に姿を現し、笑顔を見せたり、励ましたり、直近の成果を褒めたりするといった簡単なことでもいいのだ。

オフィスを出て、廊下を歩き、工場を訪問する。すべての階層の社員の話を聞き、彼らが何を考えているか、彼らが何を不安に思っているか、改善のためにどんなアイデアを持っているかを知らなくてはならない。とくに彼らが自分でもその価値をよく理解していない生の情報に耳を傾けるべきである。

経営者は、顧客、パートナー企業、あるいはサプライヤーとの接点にいる社員にはとくに目配りをしなくてはならない。最前線にいる彼らは、重要な情報や見識を持っているだけでなく、顧客やサプライヤーの心理状態にも通じている。こうした最前線の社員には、いつも溌剌としていてもらわなくてはならない。そして、希望を持って、自分たちが勝者になるつもりであることを、発信してもらわなくてはならない。

予算修正は毎月でも

経営者が財務状態について具体的に、リアルタイムで、確実に把握していることは不可欠である。キャッシュフローは毎日チェックする。在庫、利益、売掛金のデータは、週ごとに更新し、それらの相互関連を分析し、変化のパターンを読み取る。これらの情報を集約したマネジメントダッシュボード（経営上の意思決定に必要な情報や指標を、表やグラフを使って単一画面に表示する情報システム）は可能な限りシンプルで、信頼性が高く、気づきを促すものにし、幹部社員および役員が閲覧できるようにする。

社内資源を適切に、迅速に配分することを保証するために、予算は毎月修正するくらいの覚悟がいるだろう。資源配分を迅速に調整・執行するために予算編成の頻度を高める仕組みをいまつくっておけば、経営に柔軟性が生まれ、将来大きな見返りをもたらしてくれるだろう。あらゆる関係者が一緒になって取り組めば、複雑な予算でも五日以内で片づけることが可能だ。

増収増益にこだわらない

キャッシュを重視した経営は、増収増益を目指す経営とは異なる。キャッシュのための経営は、特定の顧客や一部の製品を犠牲にすることをも意味する。売り上げが減少するたびに、目標を変えなくてはならない。顧客、製品、あるいは流通経路を犠牲にすることによって、総売り上げが減少し、利益も減るだろう。しかし、特定の顧客層や製品から撤退すれば、オペレーションが簡素化され、売掛金、在庫、生産スケジュールなどが管理しやすくなり、そこからキャッシュを捻出することが可能になる。

アウトソーシングやサプライヤーとの契約条件の変更、諸経費の削減、そして機能の統合からもキャッシュが生まれる。しかし、ここで注意しなくてはならない点がある。大量のレイオフ（一時的解雇）は、コスト削減にはなるかもしれないが、ベテラン労働者や、労働協約を結んだ組合のメンバーを解雇する場合は、高額の離職手当がキャッシュ負担になる可能性がある。実際、デュポンがそうしたように、契約社員を正社員に置き換えるほうがよい場合もある。

経営者が経営上の判断をする際、それが借り替えの妨げになったり、または格付けを下げたりすることはないかどうかを考慮しなくてはならない。そしてキャッシュベースの損益分岐点がどこになるかを考える。

聖域はない。トップダウンで方針を決める。経営者は肩書や機能の統合を検討し、経営階層を減らし、優柔不断な管理職を解任する。会社が過度に分散化されている場合は、部署を横断して会社全体の規模を生かす方法を考えなくてはならない。小さい部署はそれほど競争力を発揮できていない可能性があるからだ。経営者はまた、どこを集権化すべきか、何をアウトソースすべきか、どこを分散すべきかを再考しなくてはならない。かつては効率を追求するために行っていたこれらのことを、いまはキャッシュを生み出すためにやる必要があるのだ。

キャッシュベースの損益分岐点の最低点を見きわめる際には、生産能力を維持するためには貢献していても、利益を生んでいない顧客や製品を切ることを検討すべきだ。これは、経営者にとって最大の試練となるであろう。ほとんどの会社が景気のいいときには製品数、従業員数、そしてコストの面で多大な過剰を抱え込んでいる。不景気の時代には、会社の贅肉を削ぎ落として、戦える体重まで減量しなくてはならない。

ダウンサイジング計画の作成は難しい。人員削減や経費削減の目標を任意に設定するだけでは不十分だ。この混乱する状況が過ぎ去ったあとの長期的目標を達成するために、どの製品、顧客、社員を残すかを念頭に置きつつ、相互に関連する課題を慎重に検討して、それを計画に反映させるのである。

従業員や株主にもわかりやすい包括的かつ明確な計画は、士気を高め、社員のエネルギーを引き出すのに役立つだろう。人員削減は、最も即効性があり、最も効果的なコスト削減のひとつの方法だが、離職手当として支払わなくてはならないキャッシュのことも考慮に入れて、慎重に、限定的に行わなくてはならない。上層部から、機能を統合し、経営の階層を削減することから始めて手本を示すのだ。目的は、売り上げが落ちる前にコストを削減して、世の中の先を行くことである。タイミングとスピードが重要だ。

顧客とサプライヤーを整理する

包括的な危機対策で重要なのは、「どの顧客を残すか」という決定である。不況にあっても、すべての顧客を維持する必要はない。ただ、末端の顧客を切るのは簡単だが、大口の顧客の場合、十分な利益またはキャッシュリターンが出ていないと判断するのは相当難しい。たとえば、在庫を大量に持ってほしいと要求してくるような顧客は、結局キャッシュを吸い取る存在となる。また、売り上げのために顧客を維持するよりも、その顧客を切ることによって得られるキャッシュのほうが重要な場合もある。最大の危険は、大口顧客が破綻することである。CEOとCFOは「顧客の顧客」についての最新の情報を間断なく仕入れておかなくてはならない。もし顧客企業が倒産の危機にあるということがわかったら、直接出向き、支払いを最優先してもらうよう交渉する。自社の売った商品が顧客の不良在庫になっている場合、それを引き取って他で売ることも検討する。

体力の落ちた顧客を注意深く見守ることは重要だが、優良な顧客をないがしろにすることはできない。大変な時期こそ、相手先の担当者と話して互いの関係を強固にする道を探るよい機会となる。経営者はいままで以上に、自ら動いて優良顧客に働きかけなくてはならない。

インドのソフトウエア大手、ウィプロの会長、アジム・プレムジは言う。

「いま、顧客は『私たちのために何をしてくれるのか、リスクを分け合えるところがあれば提案してほしい』という気持ちでいる」

「この要求に応えるのは大変なことだ。新たな投資も必要になる。トップマネジメントの強化も必要になる。顧客の要望をもっと理解する必要がある。そして、顧客との関係をもっと深めることが必要になる。なぜなら、そこから新たなチャンスが生まれるからだ」

戦略変更のタイミング

CEOは取締役会の承認を得たうえで、戦略についての決断を下さなくてはならない。最初になすべきは、変化する状況の中で、いまの戦略が実行可能かどうかを確認することである。あまりにも多くの経営者が、変える必要のない戦略を勢いあまって変えてしまう。しかし、低成長の影響で、これまでの商売の常識が恒久的に変わってしまうポイントがあり、その時点では戦略の変更が必要になる。経営者はそのポイントを見きわめ、適切な対策を立てる。また、不況によって戦略ポートフォリオのどの部分に多大な影響が出るかを判断し、その部分の市場価値が落ち始める時期を予測しなくてはならない。

さらに経営者は、会社をとりまく環境の最新情報に通じている必要がある。いま何が起こっているのかを周囲の人間に聞き、それについて自分なりの見解を持ち、不況を抜け出したときに会社がより強くなっているような道を考え続けなくてはならない。

「年次計画」は現実的ではない

ほとんどの会社は、年次目標に基づいて経営されており、その進捗は、四半期ごとに評価される。しかし、未曾有の危機下において、そのような悠長なペースは許されない。変化の速度があまりに激しいために、年次目標を設定したところで、一週間か二週間後には、どう考えても達成不可能になってしまうこともありうるのだ。経営のサイクルは、もっと短期にする必要がある。四半期ごとの目標、月ごとの目標、場合によっては週ごとの目標を設定し、柔軟性と迅速性を出す。こうした短期の目標も、状況が変われば変更できるようにしておく。

これは、社員にとっては大きな変化である。経営者は、社員に、短期的な目標が必要であることをしっかりと理解させ、うろたえたりやる気を失ったりさせないようにしなくてはならない。ひとつの目標が変わると、連動して他の目標も変わるということも忘れてはいけない。

たとえば、来年の売り上げが一〇％落ちると予測されている場合、研究開発費や一般管理費の比率も見直す必要がある。売り上げの減少に応じて、これら費用も可能な範囲で減らし、対売上比率を維持する。増やす場合は、明確に正当化される場合のみにとどめる。経営者は全社員がこうした関係性を理解し、目標の変更に対応できるようにしておかなくてはならない。

3 Sales and Marketing

第3章

販売、マーケティング責任者のすべきこと

経済環境の変化によって

最も痛みを感じるのは、販売とマーケティングを担当するエグゼクティブだろう。世界的な景気の減速によって、強気の見通しが信憑性を失い、ゲームプランの大幅な変更を迫られるからだ。販売担当者は、昨年の実績と同じかそれを超える結果を出すという目標に向かって日々邁進している。その方法がわからなくなったとき、彼らは間違いなく途方にくれるだろう。

長年、販売、マーケティング担当者はありったけの顧客を獲得し、売れるだけ売ることに徹してきた。その売り上げが本当に利益や経済的価値を生むのか、また、その顧客が本当によい顧客なのかどうかについてはあまり考えなくてもよかった。そんな余裕がないほどに、競争は厳しかった。とくに海外から低価格を武器にした新規参入者が現れた場合はそうだった。

それでも、顧客とよい関係を築き、安定した低価格を提供していれば、結果はついてきた。コストの上昇はゆるやかであり、生産性の向上とサプライチェーンの効率化で吸収することができた。目指すべきは、すべての顧客を満足させることだった。「拡張経済」の環境で、販売部門とマーケティング部門は拡大し、責任者の地位も上がった。

しかし、そのような平和な時代は過ぎ去り、おそらくもう戻ってはこない。新たな現実と折り合いをつけるということは、トップダウンの人員削減を意味する。これは気の重い仕事ではあるが、新たな環境に適応する能力、あるいは適応しようという意欲を欠いた者に絞って一気にやってしまえば、担当地域、担当企業の再編を通じて販売部門の効率は向上するだろう。意欲のある社員が残り、彼らは積極的に難局を突破しようとするだろう。

販売およびマーケティング部門のリーダーは、会社の生き残りとさらなる発展に向けて、次のような課題に取り組むべきである。

「注文をとる」から発想を転換する

最初に取り組むべきは、販売、マーケティング組織の構造、そしてその構造が意図している目的、目標、重要業績評価指数（KPI）を徹底的に見直すことである。多くの場合、これらすべてが変化している。機能または地域を統合することによる組織再編が必要なのか？　あるいは地域ではなく顧客セグメントによる再編か？　目指すは単なるコスト削減ではない。

より重要なのは、販売担当者が、顧客および競争相手に対してやるべきことに集中するということである。この機会を利用して、営業チームを目の前の課題のみならず、将来の課題に向けて方向転換するように仕向けるべきだ。さらに、各レベルのセールスマネジャーの成績を評価し、より重視される営業スキルは何かを示し、どのセールスパーソンがこうしたスキルや学習意欲を持っているかを特定するための新しい基準を設けるべきである。

新たな販売組織の方向付けをするためには、トレーニングが重要だ。それも、短期のものを定期的に反復して行い、営業チームの心構えを養い、自分たちが直面している問題に気づかせる。共同して問題を解決するための「バディシステム」をつくるのもよいだろう。

いままでのセールスパーソンは「ソリューションを売る」よりも「注文をとること」に汲々としていた。営業の新たな焦点は、顧客企業のあらゆる階層に向けて「情報の橋」を構築し、顧客の弱点を見いだし、それを解決する方法を思いつくことである。要するに、営業チームの課題は、この経済的な試練のなかで顧客が成功するための手助けをし、本当の意味でのウィン・ウィンの関係を築くことである。

営業担当者は「情報エージェント」

営業担当者なら誰でも販売レポートを書くことができるが、そうした基本的なスキルだけでは不十分である。組織の目となり耳となって、会社の戦略と戦術に関する重要な決定の基になるようなタイムリーな生の情報を届けなくてはならない。その情報の質と精度は、会社が生き延びる勝算を大きく左右する。営業部門のリーダーは、部下を有能な「情報エージェント」にする必要がある。そのエージェントたちが、経営にかかわる本質的な決断の根拠となるような時宜にかなった情報を集めてくるのだ。

それは、営業担当者たちにより分析的な目を持たせる、ということにほかならない。彼らはすでに、社内の誰よりも顧客についてはよく知っているが、もっと知らなくてはならない。営業担当者は、個々の顧客を現在および将来の収益性という観点から冷静に評価できるよう備えておかなければならない。また、顧客企業内で、どのようにして意思決定が行われているか、顧客企業内の雰囲気はどうか——楽観的にすぎるのか、悲観的にすぎるのか、経済状況の現実を認識しているのか——そして、その雰囲気がどのようなかたちで販売目標、製品群、広告、販促、価格についての決定に表れているのかを知らなくてはならない。

競合企業は、値段を据え置いたり（値上げできない場合も含め）、不採算部門から撤退したり、顧客を選別したりすることで、市場で短期的に有利になるかもしれないが、時間がたつにつれて、必ず消耗してくる。ゲームは第1イニングでは終わらないのだ。

販売部門のリーダーにとって最も困難な課題は、セールスパーソンの分析力を訓練によって向上させることだ。まず、きわめて競争的な状況下では、生産性向上やコスト削減などの正攻法だけで長期的な低成長に立ち向かうのでは不十分であるということを理解してもらう必要がある。営業担当者は、売り上げ、利益、資本コスト、そして最も重要なキャッシュといった、「ビジネス言語」としてのあらゆる数字を理解しなくてはならない。これらの数字を顧客に関する他の情報と突き合わせて、関連付けるのである。

セールスパーソンはまた、会社における最も差し迫った問いに対する答えを出すことに貢献できなくてはならない。その問いとは、「この顧客は潰れないか？」である。さらに、顧客企業はどんな財務上、あるいは競争上の重圧の下にいるのか？　多額な借り入れがあるか？　キャッシュフローはどうか？　といった問いに対しても答えが必要だ。重要な顧客が財務上の負担に苦しんでいるようであれば、手を差し伸べることも考えるべきである。

営業担当者は、何が顧客の売り上げと利益に貢献するかを知り、長期的にその会社の成長を支援する方法を模索しなくてはならない。顧客の業界におけるトレンドはどうなっているのか？　顧客が業界内での競争力を増すために、自分たちにはどんなことができるのか？

通常は、顧客のコスト削減に資することを考えていればおのずと売り上げは伸びるが、いまのような不況時は、顧客のシェア拡大、利益増大、さらには顧客満足度を高めることに重点を置くべきである。

セールスパーソンは、自社においても、顧客企業内でも、ビジネスにおける知識を活用して成功に導いてくれるリーダーであり、協力者でなくてはならない。顧客企業においては、適切な人物とつながることが重要である。もしも自社が梱包資材のサプライヤーであれば、普通なら顧客の梱包担当者が窓口だが、いまは、その先まで行くことが求められている。ブランド、マーケティングの担当者を探して話をし、顧客のニーズに関してさらに深い情報を得るのである。

残すべき顧客とそうでない顧客

どの顧客を切って、どの顧客を残すかは、CEO、CFOと協力して決めなくてはならない。しかしながら、営業担当者、とくに「情報エージェント」としての新しい役割に長けた者は、会社がそれぞれの顧客に対する評価を決定する際に、相当の発言権を持つことになる。

営業担当者は、当然のことながら、顧客を切ることを避けたがる。彼らの唱えるお題目は、「もっと顧客を、もっと売り上げを」である。しかし、いまのような危機においては、その気持ちと折り合いをつけなくてはならない。希望的観測に浸るのではなく、その顧客からの受注が増えるのか減るのか、その顧客は期日どおりに支払う能力があるのか、その顧客は不況後に強くなるのか弱くなるのか、といった基準で顧客を見る視点を養わなくてはならない。

営業担当者はまた、それぞれの顧客が収益が見込める新たな事業に共に取り組みたい、という意欲および能力を備えているかについての情報も得られる立場にある。窮地に陥って助けを求めてくる顧客は、経済状況が回復してきたときに、最も頼れるパートナーになる可能性もある。顧客に関するそうした詳しい情報がなければ、早まってその顧客を見放すという決断を下してしまうかもしれない。

顧客を切る場合は、営業担当者はそのことによって生じる変化に顧客が対応するのを支援すべきである。突然の取引停止は論外である。前もって通告し、顧客が新しい別の取引先を見つける時間を与えなくてはならない。取引停止によって、顧客企業の生産工程、在庫、従業員が影響を受けるということを忘れるべきではない。当然のことだが、そこをきちんとやることで、長期的な見返りもある。いま話している相手は、将来、他の会社でより高い地位につくこともあるかもしれない。その人は、自分を見捨てなかった人間のことを必ず思い出すだろう。

活字データに依存しない

どの顧客を残し、どの顧客を切るかを判断するためには、それぞれの顧客が自分たちの事業、およびバリューチェーンの各部分にどのような影響を与えているかを詳細に理解していなくてはならない。一見優良な顧客でも、頻繁に仕様変更し、生産プロセスの変更や、特別の、あるいは高価な原料の使用を求めてくるようであれば、余計な手間とコストをかけてまでつき合い続ける価値はないかもしれない。この手の顧客の要求が、生産、資材部門の頭痛の種になっているかもしれないのである。

ある顧客のためだけの原材料や部品の在庫が、キャッシュを圧迫している場合がある。好景気の下で、売り上げと市場シェア拡大が最優先の場合は、支払いの遅い大口顧客も受容できるが、景気が冷え込み、キャッシュの重要度が増している状況では、特別扱いを要求してくるような顧客は厄介な存在である。顧客の支払い能力が損なわれたり、信用格付けが下がったりして、支払いを一番あとまわしにされるような事態は極力避けたいものだ。

販売、マーケティング部門は、製品ラインと流通チャネルを再評価し、何を強化し、何にてこ入れをし、何を切るかを決める際に重要な役割を果たす。これは、営業チームの情報収集の仕事の一部である。一次情報の威力は強大である。セールスパーソンは顧客の見解に頼るのではなく、現場に赴き、「顧客の顧客」の行動を観察し、新セグメント、新製品の機会を細かく探るのだ。

活字になっているデータに依存してはいけない。深刻な不況下では、情報は出版される前に古くなってしまうからだ。現場で注意深く観察すれば、示唆に富んだ微妙な情報を活字情報より先に得ることが可能である。

よりよいバリュー提案をする

営業担当者が集めてきた顧客関連の情報は、最高のバリュー提案を作成するための材料となる。その情報は、法務、生産、および研究開発といった、部署とも共有されなくてはならない（徹底した議論とバリュー提案のためのメソッド全体については、拙著

『What the Customer Wants You to Know』をお読みいただきたい）。

改善されたバリュー提案とは、契約の手順を効率化するという簡単なものから、「顧客の顧客」のニーズの変化に合わせて、製品をリニューアルすることまでを含んでいる。

不況時には自転車操業の顧客や、キャッシュが枯渇している顧客も多い。彼らに対してよりよいバリューを提案するためには、たとえば梱包の単位を変えて、半ダース単位ではなく、二単位から購入できるようにすることなども考えられる。顧客との関係を緊密にすることは、この経済危機が過ぎ去ったあとに、より強い会社になるための戦略の重要な一環である。

「現実的な」販売目標を立てる

新しい状況の下では、前四半期、または前期に設定された販売目標を達成しようとすることは、もはや適切ではない。販売目標は、たとえば四半期ごとにまとめて、月ごとに設定し、経済状況を見ながら修正できるようにしておく。キャッシュ重視経営にシフトしたことによる変化や、顧客ベース、製品ラインの削減による効果によっても目標を随時調整する。

低めの目標は、「自己充足的な予言」になりかねないので、注意が必要だ。販売部門のリーダーは、きつめの目標を立てて、部下がその目標に到達できるような、あるいは上回ることができるような実行方法を示さなくてはならない。ある会社は、営業担当者が顧客企業から未払いのキャッシュを回収することを奨励する新たなインセンティブ制度をつくった。重要なのは、柔軟性を持たせることだ。昨年の実績を上回ったか下回ったかではなく、現実的な短期目標を達成することに対して報酬を与えることを考えるのだ。

ブランドを犠牲にするな

ブランドアイデンティティは、長期的な差別化要素として、非常に重要である。いま、顧客の需要は明らかにブランド製品からPB商品へシフトする傾向があるが、ブランドが価値ある資産であることに変わりはない。顧客のブランドに対する期待を裏切るような商品にしてはいけないのである。製品を安っぽくして、ブランドを犠牲にするという誘惑に負けてはいけない。

顧客がブランドの価値を実感するためには、たゆまぬマーケティングの努力が必要である。マーケティングは、顧客が商品を通してどんな経験をしているかについての、最先端の情報に基づいたものでなくてはならない。顧客の需要の変化に応じて、パッケージの質を下げるといった提案が上層部からなされた場合でも、それによってブランドが傷つくと感じたならば、マーケティング部門のリーダーは、代替案を出す勇気を持たなくてはならない。ブランドを確立するには長い時間を要する。ブランドは絶対に犠牲にしてはならないものである。

広告と販促のターゲティング

広告と販促の予算は、ほぼ確実に減るので、販売、マーケティング部門のリーダーは、適切なセグメントと商品に焦点を絞らなくてはならない。ここで鍵となるのは、「広告費をどこに使うか」と「どこで大幅値引きをするか」である。と同時に、なぜ特定の分野においては現状維持のみならず、あえて予算を増やさなくてはならないかについても説得力のある議論を組み立てなくてはならない。特定の分野とは、キャッシュ重視の経営に貢献する分野、危機を乗り越えた暁に、重要になるであろうマーケットセグメントの開拓に資する分野のことである。

経済状況を見ながら、地域別のきめ細かい広告の出し方を考えてみよう。たとえば、ミシガン州やオハイオ州の経済は製造業の縮小で打撃を受けたが、フロリダ州やアリゾナ州といった他の地域は、不動産価格の下落による打撃が大きい。経済の低迷が続けば、他にどんな地域差が出てくるだろうか。地域によって異なる消費者の反応を理解することで、広告、販促の方針を調整することが可能である。

広告、販促予算は削減されたとはいっても、競争相手も間違いなく同じような状況にあるので、削られた予算でもこれまでと変わらない効果を実現できる。場合によってはこれまで以上の市場プレゼンスを築くことも可能である。テレビ、紙媒体、インターネットのメディアミックスも重要だ。最小のコストで最大のレスポンスを得るために、その内容も常に見直していかなくてはならない。

値上げは慎重に、戦略的に

キャッシュ重視の経営では、価格設定がこれまで以上に重要になる。二〇〇八年の年初に、原料価格が急騰し、多くの会社がいち早く値上げに動いた。しかし、原料価格は同年の第3四半期には急落し、値上げした会社は、需要の激減に直面して価格戦略を再検討するはめになった。こうした不安定な経済環境においては、非常に柔軟な価格設定メカニズムが必要となる。顧客、および顧客の顧客は、自分たちの購入する商品の価格に原料価格の下落が反映されているかを確認するだろう。しかし、それだけを気にしていればいいというわけではない。生産量が減ると固定費が上がる。そのコスト上昇分は値上げをし、その新たな価格を維持することでしか吸収できない。その制約の下で顧客ともウィン・ウィンの状況をつくらなくてはならない。

ウォルマートに納入しているある会社は、パッケージをデザインし直し、値上げを受け入れさせた。新しいデザインによって、商品の販売数と来店者数を増やすことができると説得したのだ。今日の経済において顕著な先の読めない状況において、正しい価格戦略を立てるために時間と頭を使うのは当然のことである。

賢いコスト削減

人員削減とコスト削減のプレッシャーの下で販売部門にとって重要なのは、コストをかけずに顧客にアプローチする方法を見つけることである。電話とパソコンを使えば、出張費を節約できる。しかし、経費を節約したいばかりに、対面での営業が重要でないと決めつけてはいけない。最も価値のある情報は、対面のミーティングから得られるものなのだ。いまのような状況において、貴重な情報源となるこうしたミーティングは、経費ではなく投資である。販売部門のリーダーはまた、セールスパーソンをより効率的に動かすことも考えなくてはならない。

社内ブレストは「タダ」である

新たな顧客を獲得しようとか、自社製品の新たな利用法を開発しようといった野心的な試みがまだなされていない会社なら、いまこそ、最も積極的で知識も豊富な営業担当者に事業開拓の役割を与えるときである。

販売部門のリーダーは、生産部門のスタッフも巻き込むか、あるいは少なくとも協力してもらうよう働きかけるべきだ。と同時に、エンジニアや製品開発担当者とも頻繁に話をしよう。顧客の問題に対する、創造的でコスト効率のいい解決法は、往々にして営業以外の知識を持っている人々たちとの会話から生まれるものである。何よりいいのは、社内でブレインストーミングをするのはタダであることだ。

販売スタッフを上層部につなぐ

顧客についての最も価値ある情報も、しかるべきところに届かなければ意味がない。会社の幹部たちが情報を吸い上げることに積極的に動いていないのなら、販売部門のリーダーは、部下たちが現場で集めてきた情報を、CFO、販売、購買、研究開発部門の上層部に伝えるための仕組みをつくらなくてはならない。

たとえばGEには「クイック・マーケット・インテリジェンス」という仕組みがあり、シニアマネジャーと現場の営業担当が毎週電話会議を行っている。そこまでかっちりした仕組みでなくても、CEOとCFOが毎週四、五人の営業担当者に会うといったインフォーマルなものでもいい。目的は、会社の幹部に通常のレポートやミーティングからは読み取れない微妙なニュアンスを伝えることだ。これを一カ月続けてみると、現場の情報を通じてある兆候が見えてくるようになり、幹部たちは驚喜するだろう。こうした対話はまた、参加した販売担当者と幹部双方の士気を高めることになる。そして、関係者全員が、より注意深く、好奇心を持って物ごとを見るようになる。

第4章

CFOのすべきこと

好調なときのCFOは

一つか二つの関心事に突き動かされている。ほとんどのCFOは、投資家との関係を最重視し、格付け、株価収益率（PER）、そして適切な負債構成を維持するための借り入れと借り換えに腐心している。その他のCFO――私は「実務的CFO」と呼んでいるが――は、決算、財務の健全性の維持、ポートフォリオ構成、および買収・売却を含む事業再編といった業務において、CEOの真のパートナーとして仕事をする人たちである。後者のCFOは、会社の先頭に立って生産性を高め、効率的で収益性の高い成長を実現するための投資を行う。どのようなタイプであれ、最も有能なCFOは、ウォールストリートでも一目置かれる存在である。

CFOの役割は、財務部門を統括し、取締役会とともに決算、財務の健全性、そして、リスク評価に関連する仕事をすることだ。後者にはリスク軽減のための技術やコンプライアンスも含まれる。いまのような経済低迷期には、CFOはリーダーとして前面に出て、ウォールストリートの動きに注意しながら、これまでよりはるかに実務に時間を割かなくてはならない。その点は、CEOについてこれまで述べてきたことと同じである。

いま、とりわけ危険なのは、風評が瞬時に広がるということだ。投資家、とくに債権者が、投資先の財務の健全性を疑い出した場合、投資先企業に致命的な結果がもたらされる可能性がある。そうした事態が生じた場合、CFOはキャッシュ調達先の確保に時間を割き、会社が借り入れ契約条項を遵守しており、格付けも維持できるということを投資家に示さなくてはならない。非常に厳しい時間的制約があるのは確かだ。それゆえ、CFOは常に冷静にふるまい、この嵐の中で会社を導き、未来に備えるための仕事をする一方で、他の仕事は部下たちに任せなくてはならない。

CFOのリーダーシップが試されるのは、何にお金を使っていいか、あるいは使ってはいけないかを厳格に主張する勇気を持っているか否かという点においてである。CFOは実務的な仕事、とくに事業全体の質を上げ、全社に新たな財務規律を行きわたらせることに集中すべきだ。パニックを起こしてはいけない。銀行家のような思考に陥ってもいけない。

オフィスを出て、財務部門以外の人間に会い、事実を伝えることを通じて、彼らを奮起させるのである。外部環境が変わったことを認識させ、新たな現実にどのように対応していくのかを見せるのだ。このとき、常に想定しておくべきことがある。社内のほとんどの人間は、流動性の喪失が会社の業務にいかなる支障を来すのか、あるいは、自分たちの決定が流動性にどんな影響を与えているのか、まったくわかっていない。こういう人たちを教育し、理解させることが急務である。社員の財務についての理解が進むほど、新たな状況への対応もうまくいくようになり、また、新たなエネルギーも出せるようになる。ほとんどのマネジャーは、いまのような状況下で判断を迫られるような経験をしたことがないので、訓練が必要なのだ。
以下、CFOがやるべきことを順を追って説明する。

「キャッシュこそ王様」を徹底する

CFOはまず、「会社はこの嵐を無事に生き延びることができる」ということを確信をもって伝えなくてはならない。各部門のマネジャーからだけではなく、最前線にいる彼らの部下たちの人心を得るとともに協力も得なくてはならない。

次に、将来の需要および市場についてのさまざまなシナリオに基づいて、会社の財務状況を正確に、詳細に、わかりやすいかたちで伝えなくてはならない。これらのシナリオにはごまかしや逃げ道があってはいけない。また、懐疑主義に陥ってもいけない。CFOは、「ラインのマネジャーは必ずしも正しいことをしない」と考える傾向があり、四半期末に資金不足になった場合に備えてこっそりと資金を貯め込んだりする。そんなことをするのではなく、トップダウン、ボトムアップの分析を提示しながら、ラインのマネジャーと率直に話し合うべきだ。そして、それぞれのラインマネジャーに何をすべきかを理解してもらうのである。

「キャッシュこそ王様である」ということを伝えるには、簡潔で、頻繁なコミュニケーションが不可欠である。CFOは、教育者として、社員を訓練するのだ。つまり、異なったシナリオの下で、事業目標や資源配分はどのように変わるかを考えさせる。

ある会社では、CEOとCFOが一緒になって、社員二〇〇人を対象とした研修を行い、そこで、一〇%の需要減が、売り上げから利益、在庫、さらには401(k)プランに至るまで、ありとあらゆるところに影響を与えるということを実際に計算させた。こうした訓練を通して、現場の社員は、自分たちの行動がどのような財務的な結果につながるかを実際の数字で理解できるようになり、メディアから得た情報によって混乱しなくなる。

三番目に、CFOおよび財務部門のマネジャーは、会社の資源がどのように使われるべきかを示す際に、建設的で、具体的な言葉で伝えなくてはならない。これができるかできないかによって、会社がこの危機を越えて存続し、成長していけるか否かが大きく変わってくる。財務の責任者は、資本コストを下回る利益しか出せていない事業から資源を引き揚げるにあたって、影響力と説得力を行使し、その資源を早急に他の事業にまわすという合意をとりつけなくてはならない。

四番目に、CFOは他の事業部のリーダーとの接触が増えるにともなって、自分の部下たちにも同じことをするように訓練しなくてはならない。彼らにも、分析的スキルのみならず、リーダーシップを発揮して、議論に参加し、素早い決断が下せるようになってもらう。多くの部下にとって、これが具体性と明確性をもってリーダーシップを発揮し、人を動かす最初の機会となるだろう。まさに、彼らにとっても会社におけるパーソナルブランドイメージを変え、これまでになかった尊敬を集めるチャンスなのだ。

リアルタイムで数字を共有

財務の責任者として、ＣＦＯはデマンドチェーンとサプライチェーンを分析し、この不況がチェーンのそれぞれの結節点に及ぼしている影響を評価する責任をも負っている。最も重要な評価基準は、キャッシュである。すなわち、キャッシュフロー、キャッシュ創出、キャッシュ回収、キャッシュ支出、融資枠の確保とそのタイミング、新規借り入れのタイミング、そして借入金返済、といったことである。すでに多くのＣＦＯは、会社の格付けを守るために奔走している。というのも、格付け会社は今回の金融危機で痛い思いをしているので、次の借り換えのときには、どんな弱点も突いてくることが予想されるからだ。

会社がキャッシュの出入りにこだわれば、当然のことながら、ＣＦＯが価格決定の方針およびその仕組みにも関与することになる。CFOはCEOおよび販売部門と、キャッシュを生み出すような、あるいは無駄使いするような値引きのタイミングと対象について、話し合わなくてはならない。

古くなった前提を反故にし、新しい前提に基づいたいくつかのシナリオ別にキャッシュフローを予測することも必要である。他の部門のリーダーがキャッシュを基準に判断できるようになったら、CFOは財務のリーダーとしての役割を果たせたことになる。

場合によっては、CFOはCRO（最高リスク責任者）の役割も担う。CROは、会社が直面しているさまざまなリスクを熟知し、常にチェックしていなくてはならない。深刻な不況下では、ちょっとした不注意や判断の誤りが大惨事につながる。資金繰りに行き詰まった結果、あるいは行き詰まるのではないかという噂がたっただけで、巨大企業が二週間で破綻することも実際にあったのだ。

ＣＥＯが会社全体を、より徹底性をもって経営しているように、ＣＦＯも財務についてより徹底的に取り組まなくてはならない。そのために必要なダッシュボード（88ページ参照）と指標を導入し、手元資金、在庫、売掛金など、財務まわりのあらゆる面について最新情報を把握していなくてはならない。

日々のキャッシュ流出ペースに注意を払い、それをマネジャーたちに公開する。それと同時に、将来、会社が伸びるための事業にどこのキャッシュを投資しているかについての情報を流し、マネジャーたちがリアルタイムでアクセスできるようにしておく。また、何かが間違った方向に行きそうな気配を見せていたら、現場の責任者たちが、すぐに察知し、軌道修正するための思い切った行動をとれる状態にしておかなくてはならない。

最後に頼れるアドバイザー

CFOとCEOが進むべき方向について理解し合っていること、そして互いの責任と任務についても理解し合っていることが危機を乗り越えるためには不可欠である。また、CFOは、会社の財務に関するあらゆることについて、CEOに可能な限り忌憚のない助言をしなくてはならない。言い換えれば、事実上、会社で行われていることと全般について、そしてそれが短期的、中期的、長期的な体力にどのような影響を及ぼすのかについて、CFOは詳しい情報に基づいた見解を有していなくてはならないということだ。

他部門のリーダー、たとえば販売、マーケティング、購買担当のマネジャーたちは、それぞれの視点からCEOに意見や提案をするわけだが、彼らは自分の見解と他の部門のリーダーたちの見解を客観的に対比するような術を持ち合わせていないことがほとんどである。重要な数字と、バリューチェーンの全容を把握しているCFOは、必然的にCEOの、そして究極的には取締役会の「最後に頼れるアドバイザー」となる。CFOは、取締役に対して、製品と顧客の収益性について説明し、製品ごと、顧客ごとのキャッシュ支出をセグメント別、事業別、部署別、地域別に評価したうえで、社内の資源配分についても意見を述べる。重要な経営指標のすべてを管理するCFOは、変化する財務状況を説明し、分析するために、新たな測定基準を開発する役割も担っている。

予算プロセスを簡素化する

いま、CFOが直面している最も困難な仕事は、より頻繁に予算変更を行う方法を見つけることである。たとえば予算を毎月見直して、より現実的なものにし、それに基づいて社内の資源を融通し合うのだ。

毎年、数ヵ月とはいわないまでも、数週間を費やしていた時間のかかる予算策定のプロセスを簡素化し、二、三日以内で行うようにしなくてはならない。そのためには、関係者を集めて同時に予算作成にあたり、矛盾があれば一緒に解決するというやり方が鍵となる。大企業でこの方法を実行しているところもある。こうした迅速な予算策定プロセスは、一朝一夕に導入できるものではなく、試行錯誤が必要だ。しかし、粘り強く取り組めば、結果的には必ず努力は報われる。そして早く導入すればするほど、成果が出る。

こうした予算プロセスがどのように機能するかは、拙著『経営は「実行」』（日本経済新聞出版社）の第九章を参照してほしい。

予算の目的は資源の配分である。需要が激減している折には、この配分の方法も通常とは異なってくる。営業予算だけでなく、資本予算についても配慮しなくてはならない。これは、前年度予算に多少上乗せした数字を出発点とする機械的なやり方ではできない。世界経済の構造的変化と競争パターンの変化も考慮に入れる必要がある。ＣＦＯは難しい決断を下すことが求められるが、その際、次の問いに答えることができなくてはならない。

- 純キャッシュの増加と格付けの維持のためには、二〇〇九年、二〇一〇年だけでなく、その先も含めて、どれだけの資本が必要になるのか？

キャッシュの支出は非常に厳密な審査を経なくてはならない。多くの会社が向こう数年間は収益力を失い、資本構造が悪化し、投資家は配当が減ると予測している。これらはすべて、格付けや、資金調達力、資本コストに響いてくる。

- どれだけの資本配分を外部からの借り入れに依存するのか？

- そのうちどれだけを事業パートナーに依存するのか？　彼らの格付けは？　彼らの資本調達力は？　彼らの経営能力は？
- どの事業を中断すべきか？
- 事業の一部を海外に移転すべきか？
- 一度打ち切ったプロジェクトを、状況が改善したときに復活させようとして現場のマネジャーがひそかに継続している、といったことが起こっていないか？　それはどうやって確認するか？
- 継続すべきだと提案したプロジェクトは、確実に期待どおりのリターンをもたらすのか？

投下資本利益率（ROI）だけで判断するのは不十分だ。選別したプロジェクトが、どのようにキャッシュフローをもたらすのかを掘り下げなくてはならない。他のプロジェクトと比べてROIが低くても、早期のキャッシュリターンが見込めるプロジェクトを優先すべきだ。これらのプロジェクトは軌道を外れないように月単位で監視し、将来のキャッシュ配分に問題を生じさせないようにしなくてはならない。

現在のような環境下で資源を再配分するということは、プロジェクトの取捨選択を意味する。それは必然的に、「捨てる」ほうのプロジェクトにかかわっていた人間の執着を断ち切らせることでもある。彼らがお金と精神的エネルギーを注ぎ込み、大きな期待をかけていたそのプロジェクトへの思いを断たなくてはならない。

どのプロジェクトを継続し、どのプロジェクトを中断するかの決断は、必要な追加投資とそれに対するリターンに基づくべきであり、これまでの投資額や個人的な思い入れは排除する。昨年の時点では、高いROIを目指すことは魅力的だったかもしれないが、もしいまキャッシュが使えないのだとしたら、非現実的な目標である。

各プロジェクトで将来の収入の流れに関する見通しを定期的に再検討し、それらが現実的なものであるかどうかを確認する。そのタイミングが大事だ。向こう五、六年は結果が出ないプロジェクトや、克服すべき障害のあるプロジェクトは、とくに危ない。無理やり遂行するのではなく、別のやり方でそれらのプロジェクトを終わらせる方法を部下たちに考えさせる。海外に移して継続することはできないか？　パートナーの支援を得ることはできないか？　といったことを考えてみるのである。

評価と報酬の仕組みを変える

役員会が新たな現実を反映した、上級管理職の報酬パッケージを設計するにあたって、ＣＦＯは人事担当の幹部とともに中心的役割を担う。取締役のほとんどは、これほどの危機を経験したことがない。公正に報酬を決めたいと思っても、これまで参考にしてきた通常のガイドラインでは用をなさない。あまりにも劇的に状況が変わったために、過去の人事考課データは、もはや役に立たなくなってしまったからだ。その結果、役員会では、報酬について新しい基準を設けなくてはならなくなった。ＣＦＯは、その基準づくりのための助言を求められるだろう。

いま上級管理職がやるべき仕事は、まずこの嵐を乗り切ること、そしてその後も戦っていける競争力のある組織をつくる、ということだ。丸一日かけたオフサイトミーティングなどを通して、上級管理職《シニアマネジャー》を評価する役員に、この険しい財務環境の下で、会社の生き残りに必要な条件とその相対的な重要性を説明するといいだろう。

すべての報酬プランは、三つの重要な要素の組み合わせである。

報酬プランの一つ目の要素は、その構造である。どの部分を固定給、年単位の実績に基づく変動給、あるいは長期的な実績に基づく変動給にすべきか。それぞれの割合はどうするか。その根拠となるものは何か。

スタンダード・アンド・プアーズ五〇〇社においては、これらの典型的な比率は、二〇%、四〇%、四〇%である。この比率は、いまよりずっと経済状況がよいときに設定されたものであり、需要が減り、資産価値も格付けも下がっているときには必ずしも適切であるとはいえない。たとえば、この基準でいうと、多くの会社において、幹部社員のほとんどがボーナスをもらえないことになる。CFOは役員会に対して、異なるシナリオの下で事業および財務の将来の前提がどうなるかを説明し、正しい判断を下してもらうようにしなくてはならない。

二つ目の要素は、実績の評価方法である。何が重視されるべきで、その理由は何か？　何が定量評価できる実績で、何が定性的または主観的な実績か？

最後の要素は、新しい実績評価基準の設計と、それを報酬の手段に結びつける作業である。CFOはこの作業に積極的にかかわらなくてはならない。経営幹部への報酬はつまるところ、会社と株主にとってはコストである。評価と報酬手段をどうリンクさせるかは、上級管理職のモチベーションに大きな影響を与える。かつて報酬といえば、現金、ストックオプションまたは現物の株、限定付株式ユニット（一定期間の終了時に普通株式を受け取る非拠出型の無保証の権利)、そしてその他の想像力に富んだものだった。

報酬という分野は、もともと一筋縄ではいかないところだが、新たな経済の環境によって、さらに複雑さが増している。過去五年間に報酬として提供されたストックオプションは、いまは紙切れ同然だ。CFOは人事部門と役員会の報酬委員会と連携して、市場および財務上のさまざまな条件が実績の評価にどう影響を与えるかを吟味し、どの報酬手段の組み合わせがマネジメント層のやる気を最も引き出すのか、判断しなくてはならない。一方でそれは、これまでどおりのやり方を奨励するものであってはならない。

CFOは役員会に対して、明確な数字を使ってさまざまなシナリオを提示し、これまでと異なる状況の下で、新しい実績評価がどのようなものになるのか、また、株式市場が回復しなければ、上級管理職の報酬がどのような影響を受けるのかを説明しなくてはならない。もし、現経営陣の下で、会社が競争相手よりも高い実績を出しているのに株価が落ちているというジレンマに役員会が直面している場合、そのことも議論することになるだろう。この種のジレンマは、より実態に即した報酬に対する考え方を確立するための、現実的かつ活発な話し合いの中で解決してゆくべき問題である。

顧客とサプライヤーの倒産に備える

CFOは、販売、マーケティング部門と協力して、顧客とサプライヤーのバランスシートと財務状況を精査し、どこが最も危ないか、そして万が一そこが倒産した場合は自社にどんな影響が出るのかを見きわめなくてはならない。

CFOは、危機にある顧客やサプライヤーのところへ派遣されることもある。自社がそれによって優先顧客、あるいは優先サプライヤーに昇格すると考えられる場合は、派遣された先の支援計画づくりの手助けすることも検討する。適切な判断ができるか否かは、派遣先企業の財務の健全性、バランスシート、対外的な支払い義務についてのCFOの分析能力にかかっている。

急に顧客を見捨ててはいけない。顧客への配慮を示すことで、公正な会社であるという評判を維持すべきだ。

たとえば、関係を切らなくてはならない顧客のところに自社商品が積み上がっているとしよう。その在庫を整理するためには、どのようにその顧客と協力すればよいだろうか。一定の条件の下にその商品をひきとって、他にまわすことを提案するのもひとつの選択肢である。その在庫の実質的な価値は、その商品を供給した側の企業のほうがより正確に評価することができる。こうした交渉の際の態度はきわめて重要だ。どんなにひどい状況のときであっても、人は自分がそのときどのように扱われたかを覚えているものだ。

次期CFOの教育

実際、向こう一、二年、いやもしかすると三年は、危機的な雰囲気の中で仕事をしていくことになる。したがって、CFOは自分の下にいる財務系の幹部を、注意深く評価し、プレッシャーに強い者は誰かを見きわめる必要がある。表計算ソフトを使いこなす能力だけでなく、リーダーとしての気力と能力を見るのだ。

彼らはまた、他部門のリーダーと緊密に協力しながらチームとして動く能力を備えている必要がある。最も精力的で、最も優秀な中堅幹部には、重要な仕事を任せてみる。それによって、彼らは平時に戻ったときに、より力をつけているだろうし、本人にその気があれば、次期CFO候補にもなるだろう。

現実に起こっている問題と実際の数字を題材に行う実務訓練は、財務部門の社員たちの自信を養う。彼らはまた、この訓練を通じて、会社の置かれている状況についてこれまでとは別の見方を身につけることができる。

経営陣にバランスシートの見方を教える

経営に携わる人間であれば、売り上げ、利益、コスト、実物資産、値引きなど、損益を左右する基本要素はわかっている。しかし、売掛金や在庫といったバランスシートの重要項目を理解している人は格段に少ない。資本支出や投資回収率まで通じている人はもっと少ない。投資回収率を理解している経営幹部は、どのプロジェクトがキャッシュを生むか、即座に判断できる。

通常、リースや、有利子負債返済などを通じてどのようにキャッシュが出ていくか、また、借り換えの負担がバランスシート上の多くの項目にリンクしている借り入れ契約条項にどんな影響を与えるか、また、もし契約条項を履行できなかった場合、新規借り入れと借り換えがいかに難しくなるかといったことを熟知しているのは財務部門の人間だけである。

CFOと財務部門のスタッフは、いまこそ経営陣を教育するときである。バランスシートの細部まで読めるように、実際の数字を用いながら、シナリオの違いによっていかに将来の見通しが変わってくるかを示すのだ。

経営陣は、バランスシート上の一つの項目が他の項目にどのように作用するのか、たとえばもし会社の格付けがAAからBBに落ちた場合、どんな影響があるのかを理解しなくてはならない。財務部門で練習問題をつくり、こうした格下げが日々の操業、マーケティング、販売、価格、そしてキャッシュベースの損益分岐点にどのような影響を与えるかを実演してみてもいいだろう。このこと自体はそれほど難しいことではない。ビジネスの現実を見せればいいだけのことである。

取締役会にもっと情報を

ＣＥＯが常に取締役会に会社の戦略がどのように進んでいるか知らせるようにしておかなくてはならないのと同様、ＣＦＯも顧客やサプライヤーの倒産など、財務予測からの大幅な逸脱が生じたときはリアルタイムでそれを取締役に伝えなくてはならない。取締役とのやりとりにおいては、対人スキル、とくに「聴くスキル」はきわめて重要である。役員会との接触頻度は上げること。ある役員がかつて私にこう話したことがある。

「状況は毎週変わっている。もっと頻繁な報告が欲しいものだ。とくに、役員会と役員会の間には」

第5章

現場のリーダーがすべきこと

どんな会社においても

中核にあるのはオペレーション、つまり実際に業務を執行することである。オペレーションの行われている場こそが現場であり、新たな環境に適応しつつ、より強くなるための変革がなされる場なのである。製造業、サービス業といった業種、事業内容の複雑さ、また、地理的環境によって細かい部分が相当異なりはしても、事業運営の目的は同じである。すなわち、品質と納期という顧客のニーズを常に満たす。そして、低コスト、資源の効率的利用、運転資金の節約を実現し、キャッシュを確保することである。

売り上げが減る前にやっておくべきこと

製造業において執行責任者が取り組むべき最大の課題は、売り上げが減る前にキャッシュベースでの損益分岐点を下げることだ。どのようなかたちで生産量を絞るかを迅速に判断し、素早く行動する。シフトを減らすのか、工場そのものを閉めるのか、あるいは生産を一元化するのか？ それぞれを選択した場合、キャッシュフローおよび顧客満足を含むその他の重要事項にどのような影響が出るのか？ 工程の一部を省略し、設備を休止させるべきか？ より使い勝手がよく、少量生産に適したソフトウエアを導入すべきか？ これらは難しい問題であり、現場の責任者一人で解決することはできない。少なくとも、販売、マーケティング、財務からの情報が必要だ。

何かを変えるとき、それがシステム全体にどんな影響を与えるかを知るために、執行責任者は周囲からの助言を必要とする。たとえばフェデックスが集荷のタイミングや方法を変えるとしたら、それはトラックの手配、従業員のシフト、そして膨大な量の航空貨物便の運航時刻など、広範囲に影響が及ぶ。こうした副次的な変更を考慮しなければ、ひとつの変更が大混乱につながる。

簡単な運営システムでも、何かを変えれば、それが二次的、三次的な結果をもたらすことを忘れてはならない。その二次的、三次的結果にはどんなものがありうるのかを知ったうえで、システム全体のリエンジニアリングを行うべきである。

設備投資の削減は慎重に

キャッシュを追求すれば、設備投資を延期したいという思いにかられるかもしれないが、その誘惑に負けて、投資をゼロにしてしまってはいけない。減価償却分は、実質コストをかけないで資金を使えるのだ。厳しい市場環境の中では、延期や中止を余儀なくされるプロジェクトはもちろんあるだろう。しかし、メンテナンスにかける費用を出し惜しみしてはいけない。あとまわしにすれば深刻な問題につながりかねないし、事故があったときの支出は膨大になる。

つまりは、個々のプロジェクトの価値を慎重に検討せずに、長期的な投資を削減してはいけないということである。この不況もいつかは終わるのだということを忘れてはならない。

高度な戦略的重要性のあるプロジェクトは、延期するわけにはいかないし、決定的に重要な技術への投資は継続しなくてはならない。そうすることで、もし競争相手がイノベーションよりもコスト削減を優先した場合に優位に立つのである。

さらに、法令遵守や安全のためのコストも簡単に削ってはいけない。有害な化学物質の流出や、従業員のケガなどは、会社や個人に破壊的な影響をもたらす。どこにお金を使い、どこで節約するか、また、どの部分で設備投資を拡大するかについての決断において、リーダーのバランス感覚が試される。たとえば、キャッシュを確保するために長期的にはコスト高になるリースを使うといった、以前ならノーと言った選択肢をもう一度検討してみる器量があるかどうか。こうした難しい決断は、手遅れにならないうちに下さなくてはならない。ぐずぐずしている余裕はないのである。

50対5の法則

いまある商品群と、その多くのバージョン、必要がないほどたくさんある付属品を整理するにあたっては、情け容赦ない姿勢で臨まなくてはならない。いま必要なのは、より少ない種類の、より価値のある商品である。さらに言えば、顧客がよりよく、より速く、より効率的に仕事ができるようにするために、これ以上ないほど優れた商品が必要なのだ。いまこそ、共通部品、共通プラットフォームの活用を促進するために、徹底的な見直しをするときである。

「50対5の法則」をご存知だろうか。在庫部品の五〇%は、売り上げの五%にしか貢献していないと言われている。小売業者も積極的に商品数を減らさなくてはならない。とくに季節ものを扱っている場合はそのシーズンの半年前に注文をすることが多いからだ。ＳＫＵ（商品数）を減らし、売り場とサプライヤーのつながりを強化することで、売れ筋の判断を誤ったときに影響を軽減することができる。

アウトソーシングとインソーシング

オペレーションを簡素化するにあたって、何をアウトソースするかを決めるための業務見直しも行う。自社を競争相手と差別化するファクターは何かを考えれば、おのずと答えは出るはずだ。他社との差別化になっている重要な業務は社内に残し、その他についてはすべてアウトソーシングを検討する。

業務を社外に出すことで、固定費は変動費に変わり、一社では不可能な規模の経済の恩恵にあずかることもできるかもしれない。製造業であれば、まずは部品生産からアウトソーシングしてはどうだろう。いま、仕事をとろうと必死になっている中小企業はごまんとあるからだ。

アウトソーシングにはパートナーシップも有効である。とりわけ規模の小さい会社同士であれば、自社の生産能力とひきかえに、他社の顧客情報やデザイン技術を得るといった融通もし合える。

会社によっては、アウトソーシングとは逆のことを考えてもよいかもしれない。つまり、余剰人員を活用して、他社にアウトソースしていた仕事を社内に戻す。前述したデュポンの場合は、外部の契約社員の仕事を自社の社員にまわし、社内人材の有効活用をはかった。

在庫管理をおろそかにしない

通常、オペレーションの中心となるものは、顧客満足の実現、コストの削減、そして生産変動の抑制である。これらは重要ではあるが、それだけやっていれば十分というものではない。在庫はキャッシュの大きな罠になる。いまのような厳しい環境においては、原材料と製品双方の在庫が財務に与える影響をより強く意識しなくてはならない。

オペレーションを販売、マーケティングとより緊密につなげ、常にキャッシュがすべての部門において最大の関心事であるようにしておく必要がある。ほとんどの会社において、売り上げや帳簿上の利益の最大化は、キャッシュの保全ほどの重要性は持たない。

在庫管理は、サプライチェーンマネジメントの中でも、最も重要な課題であり、その責任者のやり方によって、成果は大きく変わってくる。多くの製造業者、とくに日本の製造業では、そのことを早くから理解して原材料のジャスト・イン・タイムの在庫管理を導入しており、そうでない会社も、プロデュース・オン・デマンド（受注生産）の考え方をとりいれて、最終製品の在庫を最小限のレベルに維持している。すべての会社が同じアプローチをとれるわけではないが、この種の在庫管理手法を導入していない会社は、早急に検討すべきである。

「暇な人」を出さない人員配置

サービス業は、製造業とはまた異なる環境に置かれている。というのは、サービス業においては、従業員こそが価値を生む原動力であり、往々にして、その価値をジャスト・イン・タイムで提供しているからである。原材料の仕入れについてあれこれ考えることはなくても、キャッシュおよびキャッシュフロー重視の経営は、サービス業でも最優先されるべきものだ。

サービス業においては、二つの原則がきわめて大切である。ひとつは組織的な「稼働率」である。サービス業では、従業員こそが「生産設備」であり、彼らがどれだけ忙しく働いているかが、「稼働率」である。休んだりさぼったりしている従業員は非生産的である、というのは誰にでもわかることだ。しかし、物ごとはそれほど単純ではない。

どのテーブルも満席で、ウエイターたちが、注文をとり、料理を届けるために走りまわっているようなレストランでは、テーブルが半分空席になっているようなレストランよりも、ほとんど必ずといってよいほど、よい顧客関係を築いている。

同じことがビジネスクラスの利用者が激減した二〇〇八年秋以降の航空業界でもいえる。多くの航空会社では、ビジネスクラスの座席占有率が三〇%まで下がったときでもキャビンアテンダント（CA）の数を前年以前と同じレベルに維持していた。にもかかわらず、サービスが向上するどころかCAたちの顧客に対する気配りは、ずっとおろそかになったのである。

暇な時間がありすぎたり、自分の仕事の将来について不安に思っているような人は、無駄なお喋りで気を紛らわしたり、互いに愚痴を言い合ったりして過ごしてしまう。結果として、顧客サービスが劣化する。こうした「暇な人」が出ないように、顧客サービスの必要度に応じた人員配置をすることが肝要だ。

二番目に大切なのは、モチベーションである。株価の暴落により、企業幹部の株式部分の報酬額は、過去に例を見ないほど大幅に目減りしている。しかし、末端の社員も、401（k）残高の激減や失業率の急上昇に不安を抱いている。

従業員が完全にやる気を失ってしまわないように、リーダーは彼らを奮い立たせる工夫をしなくてはならない。たとえば、優秀な顧客サービスやチームワークに対して、頻繁に賞を出して褒める。そのためには、どの従業員が顧客をとりわけ丁寧に扱っているか、といった情報をすくい上げる必要がある。こうした社員を表彰して、顧客をつなぎとめることがいかに大事であるかを伝えるのだ。

顧客と直接接する従業員は、「人が好きな人」でなくてはならない。接客に向かないタイプの者は、異動させる。余儀なく従業員を削減する場合、その対象となる人を選ぶ基準が明確でなくてはならない。そうすることにより、残ったスタッフが、自分たちは公正に扱われていると感じる。

サービス業の従業員の心理状態は、製造業の場合と比べて、業績に影響が出やすい。リーダーは、定期的で、明快なコミュニケーションによって、現場のスタッフの士気を高めるよう努めなくてはならない。

6 Research and Development

第6章

研究開発部門をどうするか

研究開発は会社の未来の鍵であり、この分野におけるリーダーは、長期的にものを考える。ゆえに彼らは、どんなに経済状況が厳しいときであっても研究開発（R&D）を特別扱いしがちである。

R&D部門は、進行中のプロジェクトが突然止まったりしないよう、安定的な雇用を必要としており、財務の「コマ」にされることを嫌う。さらに、多くのR&D組織は、いまよりずっと会社が儲かっていたときにつくられたものであり、そのため諸経費および一般管理費がかさんでいる。

経済が縮小し、流動性の危機にあるいまこそ、R&D部門のトップは自社の機能を再定義し、研究開発を再編することを考えなくてはならない。その際、重要なのは、管理者ではなく現場の研究者であるということを肝に銘じるべきである。

大手製薬会社のグラクソ・スミスクラインの事例が参考になるだろう。この会社の総額七〇億ドルを投じた研究開発は、小さいチームに分かれており、それぞれに外部取締役（多くはベンチャーキャピタリストの経験を持つ者）を含む取締役会があり、独立した部門として動いている。その結果、それぞれのチームがひとつの研究目標に没頭できる小さなスタートアップのような組織として機能し、無駄な経費がかからず、会社からの無駄な介入も抑えられている。

賢い予算の削り方

財務的に厳しい状況の中では、研究開発予算も削られる。やむをえないことではあるが、研究開発予算を減らしすぎたり、減らし方を間違えば、景気が回復したときに、競争相手に対して不利になる。また、絶好の機会を逃すことにもつながり、会社競争力が削がれる可能性もある。

研究開発部門のリーダーは、まず、予算の削減対象を正しく選ばなくてはならない。

そのためには、トップダウンでゼロベース予算を実践すべきである。つまり、過去の実績はいったん白紙にして、どのプロジェクトが不可欠であり、どのプロジェクトは犠牲にすることが可能なのかを再検討するのである。その検討結果をもって、会社の上層部を説得し、最も有効で効率的なかたちの予算削減を実現する。

株価が低迷しているときは投資家のポートフォリオがアンバランスであるように、経済の停滞は研究開発活動でもアンバランスを生じさせているはずだ。たとえば、アメリカで多すぎる研究者を抱える一方でインドでは研究者が足りないとか、化学に集中しすぎていてバイオが手薄である、といったことが起きていないだろうか。いまこそセグメントごとの研究開発能力を再評価すべきである。

R&D部門のリーダーは、進行中のプロジェクトを新たな視点から見直し、変化する経済状況が、それぞれのプロジェクトから生み出される価値にどんな影響を与えるのかを評価する。たとえば消費意欲の低下しているときは、製品の基本的な性能を追加機能よりも重視すべきかもしれない。それによって生産コストと価格を下げられる場合はなおのことである。

競争相手のことも頭に入れておくべきだ。これまでライバル各社のイノベーション能力が発揮されていた分野、そうでもなかった分野を押さえておく。彼らも研究開発において同じような制約や問題を抱えており、プロジェクトの取捨選択を行っている。もし自社に特別な強みがあるのであれば、それに賭けてみる。いまなら、強大な競争力となる新しい製品、または新しい仕組みで他社を引き離すことができる。

「現状維持」か「非連続」か

ゼロベース予算を策定する際には、R&Dの目的を再考し、より少ない労働力、より少ない投資額で成果を出すような決断が必要となる。たとえば昨今、製薬会社で新しい分子構造を開発するといった、基礎研究に取り組む会社は減っている。そのかわりに、新しい製品や新しい仕組みの開発に重点が置かれる傾向がある。それらの研究開発の目的もさまざまだ。

多くの研究開発は、市場におけるポジションを〝維持する〟ためのものである。いまある製品の製造方法を変えて、原材料の量を減らせば、生産および流通コストを減らしながら、顧客へのメリットを維持することができる。すでに参入している市場において既存の製品の新しいバリエーションをつくることも事業を維持する方法のひとつである。

一方で、新しい市場の創出や、いまの市場をひっくり返すような最先端の製品や仕組みを開発することを目的とした〝非連続的〟な研究がある。たとえば、コストを数桁引き下げるような仕組みを開発することなどがこれにあたる。

経済が低迷しているときには、手持ちの製品を改良することだけに目を向けがちになるが、それは誤った発想である。新しい製品、非連続的な研究にも目を向け、事業を飛躍的に躍進させるようなチャンスをものにしなくてはならない。いま、ライバル会社も不安を感じ、流動性を欠き、リスクをとることを躊躇している。これは、またとないチャンスである。この機に乗じて向こう数十年間「勝ち組」でいられる地位を築くのだ。もしこの好機をとらえることができれば、いま、業界四位や五位の会社でも、不況が終わった頃に一位か二位に浮上している可能性がある。

それは簡単なことではない。この先、乗り越えなくてはならない数々の苦難が待ち受けているだろうし、手元の資源は限られている。しかし研究開発によって何を達成したいのかを戦略的に考えれば、より競争力のある会社になることができる。

たとえば、ファイザーは最近、心臓病分野の研究から撤退した。ファイザーは、何年も前にこの分野でリピトールという大ヒット薬を開発し、この薬は一〇年以上もの間、同社に莫大なキャッシュをもたらした。しかし、経営陣は、心臓病の分野は、今後は力を入れるべき分野ではないという勇気ある決断をしたのである。

リーダーにとって最も難しい決断は、何を目指し、何を切り捨て、何を強化するかに関するものである。何かを切り捨てることは必要だが、その判断は、全社に影響を及ぼすのである。

人とアイデアの最適利用

研究開発の資源は、主として「人とアイデア」である。R&D部門のリーダーは、この二つの資源を最も有効に使う方法を熟考しなくてはならない。もしCEOが研究開発部門の予算を半分にしたなら、新たな環境の下で、R&D部門のリーダーはどのように仕事を配分するだろうか。その問いに答えるためには、もし予算が倍になったら、ということを考えてみるとよい。そうすれば優先順位がはっきりするだろう。予算が二倍になれば、多くのことが可能である。しかし、その中で現在と将来、何が必要なのかを絞り込む必要がある。

世界規模の経済停滞は、同業の外国企業とパートナーシップを築くよい機会でもある。中国、インド、ブラジル、台湾、韓国の企業は、自社の資源を最大限に活用しようとしており、彼らにとってもいまの経済状況は、先進国企業と連携するための千載一遇のチャンスなのだ。これらの国の企業は、共同研究プロジェクトに前向きな姿勢を示すだろう。お互いの成長を促進し、新しい市場を開拓するために、技術交換をするという手もあるだろう。特殊な技術を持っている海外企業に、その分野のプロジェクトを移管し、自社の人材はより競争力のある分野につぎ込むことも考えられる。

かといって、むやみに海外企業との提携に走るべきではない。発展途上国の多くの企業は、先進国の企業との関係を持ちたがるだろうが、知的所有権の問題が発生するかもしれない。先進国企業の多くは、海外のパートナーが知的所有権を侵害し、自分たちで新事業を始めたり、それを利用して他の企業と共同事業を立ち上げたりするのを苦々しい思いで見てきた。

よい提携先を見つけるためには、スキル、判断力、そしてリーダーシップが必要とされるが、条件の合う企業は必ず存在する。

大学教授も巻き込め

いま進行中の研究開発を再評価する際には、それにかかわる人間も再評価しなくてはならない。会社への貢献が圧倒的に大きい者をひきとめるために、できる限りのことをしなくてはならない一方で、時代についていけなくなった者の扱いについても考える必要がある。R&D部門でこうした人材を抱えることは、深刻な組織の弱体化を招く。それは他部門の比ではない。変化する世界についていけない人、技術の最新事情に通じていない人には去ってもらわなくてはならない。

もはや意味をなさなくなったプロジェクトを中止することにより、頭数はおのずと減るだろう。しかし、そうしたプロジェクトにかかわっていた有能な人材は必ず継続する研究に投入するようにし、場合によっては貢献していない人材と交代させることも考えるべきである。

社内のあまり有能でない研究者を外部の研究者と置き換えることも考えるべきだ。インターネットを使って、重点分野の最新の論文情報を手に入れ、大学など、通常とは異なる採用ルートで有能な人材を探すのである。採用はしないにしても、大学教授にコンサルタントとしての仕事を依頼すれば、大いに貢献してくれるだろう。

販売、マーケティング部門との絆を深める

技術部門の多くは、いかに努力しても、投資に対する比率で見れば売り上げや利益の成長にはそれほど貢献できないものである。問題は、技術における優先順位が、変化する市場環境と、ビジネス上の優先順位に緊密に結びついていないことである。研究開発部門のトップは、販売、マーケティング部門とも接触する機会があるはずだ。

結局のところ、彼らこそ顧客のニーズとウォンツ（必要性と欲求）を一番よく知っている。研究開発部門のトップは、マーケティング、販売部門とのパイプを太くして、彼らをプロジェクトの評価プロセスに参加させる必要がある。どのプロジェクトを継続し、加速すべきか、どのプロジェクトから撤退すべきかを判断するにあたり、販売、マーケティングに携わる人間の意見を聞くのである。彼らの意見は、実際の決断においても、その決断を上層部に報告する際にも、大いに役立つであろう。

しかし、顧客を理解するために販売とマーケティングのみに頼ってはいけない。現実に起こっていることを見なければ、R&D部門をうまく導いていくことはできないだろう。研究所を出て、消費者と話をすることも忘れてはならない。

7 The Supply Chain

第7章

サプライチェーンをどうするか

サプライチェーンには

さまざまな定義がある。ここでは、「その会社のサプライヤーとの関係すべて」と定義する。つまり、サプライヤーから自社に資材が届くまでのロジスティックス、これらの資材および内製部品を必要な場所に届けるロジスティックス、そして製品を自社から顧客企業に届けるためのロジスティックスである。ここではさらに、サプライヤーおよび顧客との情報のやりとりを含める。

製造および調達のフットプリント——原料、在庫、出荷品など——は誰の管理下（たとえば担当取締役副社長の管轄なのか、最高執行責任者の管轄なのか）にあるのかを問わず、いまだかつてないほどにその重要度を増している。サプライチェーンマネジメント（SCM）はキャッシュフローと顧客サービスに多大な影響を与える。苦しい状況のときには、SCMを支障なく運営することが競争力になる。

いまのような経済状況では、どの産業においてもコスト構造が変化していることは、周知の事実だ。リスクのコストは増大し、為替レートは異常なほど不安定なものとなった。こういうときは、一歩引いて、世界に散らばった生産拠点、およびそれらの拠点から伸びるサプライチェーンのために、よりよいグローバルフットプリントを考える必要がある。

最近顕著なのが、生産拠点を市場の近くに移し、製造部門とマーケティング部門の結びつきを強化する動きである。これは、製造とマーケティングの拠点が離れていたことが原因で起きていた遅れを解消することを狙ったものだ。各社は自社の状況に応じてこうした組み替えをしなくてはならない。生産拠点とサプライチェーンをてこ入れするための短期的、長期的な可能性を考えてみるには、絶好のときである。

カギは「シンクロ調達」

過去に例を見ないほどの徹底的したシンクロ（同期）化こそ、SCMの鍵である。自社、顧客、サプライヤーのつながりを強化して、その三者が外的環境の変化により迅速に対応できるようにするために、いますぐできることはいくらでもある。

SCMの責任者は、不況を耐え抜き、経済が回復したときに有利になっているための柔軟性を手に入れることを常に念頭に置くべきだ。そのためには、外的環境の突然の変化に、従来に比べて格段に速く対応できるような、大幅な戦略の変更が必要となる。つまり、よりスリムで機動性の高い組織をつくるのである。

SCM管理者の主な役割のひとつは、仕入れ、販売双方の在庫に使われるキャッシュを最小限に抑えることである。最も効果的なのは、原材料の調達、デリバリー、完成品の出荷をシンクロナイズするための部門横断的なコミュニケーションである。ここが不十分な会社は少なくない。

たとえば、ＳＣＭ管理者の下に、どのくらいの頻度で販売動向と製造スケジュールについての情報が上がっているだろうか。その情報を得る方法はどんなものだろうか。

ＩＴ担当者に頼めば、情報の流れを迅速化し、情報の内容を絞り込むことはできるが、表計算ソフトだけを見ていてはいけない。ＳＣＭ管理者は、販売部門、各事業部門、調達部門のマネジャーと直接話すことで、数字には表れていない情報を得る必要がある。従来からこうした直接のコミュニケーションはあるはずだが、ＳＣＭの管理者が市場の動きを常に把握しておくためには、その頻度を増やすことが肝要だ。

サプライヤーと顧客に「情報の橋」を架ける

自社、顧客、そしてサプライヤーの間に情報が流れる仕組みをつくることを通じて、ＳＣＭ管理者は、事業の複雑性を軽減するための全社的取り組みをリードすることができる。その仕組みを一言で表せば、信用の絆を互いに深め合うために活用される「情報の橋」である。重要なのは、サプライヤーが自分たちと同じ現実を見ていることであり、それは、コストカットや、価格に応じた調達先の変更といった情報を彼らと共有することを意味する。また、サプライヤーが必要とする最低限のマージン、コスト管理努力、キャッシュの調達手段なども知っておかなくてはならない。これらはすべて自分たちの事業運営に影響を与えるからである。

端的に言えば、サプライヤーをサプライヤー以上の存在にする、ということだ。彼らは事実上のパートナーシップにおける協力者でなければならない。つまり、サプライヤーに対して一方的に命令するのは間違っているということである。多くの会社がこのことを十分に認識していない。パートナーシップにおいては、情報の流れは双方向であり、ウィン・ウィンのゲームである。困難な状態においては、パートナーのどちらか一方だけに負担を強いるわけにはいかないのだ。

サプライヤーと築いたパートナーシップは、キャッシュの使用に直接影響を与えるようなかたちで、モノの流れをシンクロさせるのに役立つ。たとえば、低価格商品へのニーズの高まりに応じて、製品や包装のリニューアルをする場合など、パートナーに協力してもらうことも可能である。コスト削減の必要性から、こうした協力体制の構築を早くから進めている会社もある。いまはコストに加えて、キャッシュのことも考えながらサプライヤーとの関係を管理しなくてはならない。

これまで述べてきたようなサプライヤーとの関係を、顧客側とも構築する必要がある。この場合は立場が逆になる。不安を抱いている顧客に対し、より緊密な連携を通じて、キャッシュインフローが増すことを示すときである。最終的なゴールは、顧客の自社に対するニーズと、自社のサプライヤーに対するニーズを共通の基準で測定し、顧客との関係を密にすることだ。

需要予測は当たらないものだが、昨今はとりわけそうである。しかし、顧客、サプライヤーの両者としっかり連携することによって、現在の市場に特有の不安定性を吸収することは可能である。それによって、競争相手よりも有利に立つのである。

「あれかこれか」ではなく「あれもこれも」

困難な時期は、往々にしてサプライヤー、顧客と永続的な関係を築くチャンスとなる。誰もがキャッシュを必要としており、誰もが減収に直面している。すべての顧客、サプライヤーとパートナーシップを築くことはできないため、どの相手が持続可能なパートナーになるかを見きわめることが大事である。同様に、既存のパートナーシップを新たな条件に照らし合わせて見直すことも忘れるべきではない。

サプライヤーの数を削減するためには、パートナーシップの再選択も必要である。これから組むことになるすべてのパートナー企業に、いまの状況は「あれかこれか」ではなく「あれもこれも」であるということを徹底的に理解してもらわなくてはならない。すなわち、顧客に必要なものすべて（あれもこれも）を提供すること、そして顧客に何かを諦めさせること（あれかこれか）をしないということである。

大半の消費者は、機能、見た目、価格のすべてにおいて妥協したくないと考えている。そのニーズに応えるような商品を顧客に提供できれば、勝ち組になることができる。それには、パートナーであるサプライヤーが、デザインと生産の面で密に協力してくれることが前提だ。妥協しない商品をつくるための鍵となるのが技術である。そのような技術は共同で開発することが望ましい。

次の質問に、1〜10の尺度（10が最高点）で答えてみよう。

「新製品をつくるときにサプライヤーはどの程度完全なパートナーか？」

もし答えが8に満たなければ、もっと努力するか、別のパートナーを探すべきだ。

いかなる戦略的変革が必要か

ＳＣＭ担当のリーダーは、日々の仕事とは別に、将来にむけて、サプライチェーンを緊密にシンクロさせることを考える時間をとらなくてはならない。不況後により強い会社になっているためには、サプライチェーンをどのように変える必要があるだろうか。

商品価格が急騰し、品不足が蔓延し、買いだめが横行した二〇〇八年の夏のことは記憶に新しい。その後の不景気で、この傾向は逆転し、それとともに為替相場が極端に不安定になった。しかし、グローバルな需要が回復すれば、インフレになるのは目に見えている。原油やガソリンの価格が再び高騰したとき、それに耐えうるようなサプライチェーンになっているだろうか？　事業の拠点を大手顧客の近くに移す、輸出から現地生産に切り替える、といった決断が必要だろうか？

もちろん、顧客とサプライヤーが生き残れるかどうか、生き残る顧客とサプライヤーの拠点はどこになるかについても、知っておかなくてはならない。これらのことについて事業部門、財務部門、販売およびマーケティング部門とともに検討し、最良の解決策を見いださなくてはならない。そしてその解決策そのものも、再度注意深く吟味するのである。

社員にバリューチェーンを叩き込む

この激動期を乗り切った末に、会社がより強くなるため、自分は何をしたらいいのか。社員がその重要性を理解すればするほど、仕事の成果は上がるだろう。そのためには、会社のバリューチェーン、その中における個々人の役割についての知識を高めるトレーニングプログラムが有効だ。サプライチェーンに携わる社員が、生産、販売、研究開発部門の社員と、すべてのレベルで協働することが、よい結果をもたらすだろう。社員全員が、サプライヤーや原材料に関する知識に通じ、それに基づいて、新たな製品やセグメントに参入する機会を狙わなくてはならない。

8 Staff Functions

第8章

スタッフ部門のトップがすべきこと

人事、IR、広報、経理、法務、およびITなどのスタッフ部門を率いる幹部は、厳しい環境がもたらす問題に組織を対応させるために、それぞれに重要な役割を担っている。CEOが新たな現実に即して仕事法および思考法を変革していくための、支援をする立場にあるのだ。

スタッフ部門のリーダーは、直ちに各部門をより小さいコアグループに分け、それぞれのグループが上からの指示がなくても自律的に動くようにしなくてはならない。それには各部門において、固定費と変動費を選別するという難しい決断がともなう。

経理機能や社員の健康と安全にかかわる機能は削れないが、各種トレーニングや契約業務は削れるかもしれない。スタッフ機能をアウトソースすることは、もはや時代の要請として避けられないだろう。一部の仕事を社外に出すことによって柔軟性が手に入るのであれば、リーダーはアウトソーシングを避けて通るべきではない。

スタッフ管理部門の規模も変わってくる。厳しい環境の中で少ない予算を有効に使うには、機能を集約するのが早道である。すべての事業部門の調達責任者を集めてタスクフォースをつくり、調達を一元化するための計画を練らせるのも一案だろう。異なる部門を統合するのも効果的だ。たとえば、広報・IR機能をCFOまたは法務部門のトップ（ゼネラル・カウンシル）の下に置き、効率化をはかる会社も出てきている。

これらのことをすべてやったうえで、管理階層は最大で三段階ほど圧縮できる。もちろんそれには適材適所ができていることが前提だ。この場合の「適材」とは、自発性、エネルギー、知識、そして自律性を備えた社員である。つまり、監督なしで仕事ができる人間のことだ。機会さえ与えられれば、困難を受けて立つ社員は、組織の中に必ずといっていいほどいるものである。

以下に述べるポイントは、主要なスタッフ部門が会社をいち早く正しい方向に導くために担う役割を考えるうえで参考になるだろう。

人事の仕事は「人切り」だけではない

人事は、非常事態の経営に移行する際、衝撃を真っ先に被る部門であることは間違いない。なぜなら、平時から有事への移行は、組織のすべての階層に影響を及ぼすからだ。人事部門のリーダーが試されるのは、以下のような分野においてである。

●人員削減

人員を迅速に減らす必要があるのは明らかだが、場当たり的にやると、本当に必要な人を失い、その穴を埋めるのに苦労することになるだろう。人事のトップは、人員削減をどれだけうまく、早く、人道的にやるかで評価されることになる。

人員の削減は、覚悟を決めて大胆にやり、一度で終わらせるべきである。犬の尻尾を少しずつ切るようなことをしてはいけない。短期間に人員削減を何度もやると、不信感が広がり、士気が下がり、組織のエネルギーが失われる。そして、社員の間には、不公平感や不公正感が残る。会社が直面するかもしれない「最悪のシナリオ」はどんなものか、それを乗り越えるためには人員の整理を含めて何が必要かを、人事部門のリーダーは明確な言葉をもって説明しなくてはならない。

あるウォールストリートの大企業は、こんな残酷なやり方で人を切った。二〇〇八年の秋、二人の従業員が昼食から戻ってきたとき、一人は自分のIDカードが認証されて、オフィスに入ることができたが、もう一人はできなかった。そこで、通行できたほうの社員が、自分のカードで同僚のためにドアを開けてやろうとしたところ、警備員が近づいてきて、こう告げた。「あなたはオフィスに戻れますが、あの方は、今日の正午をもって解雇されるそうです。あの方には三一二号室の人事部で詳細が説明されることになっています」。

こういうやり方は何としてでも避けなくてはならない。

人事のトップは、部下がやるべきことを判断し、それを実行できるように導くという役割を担っている。各事業部門長が出してくる人員削減リストをとりまとめることがそのひとつだ。事業部門長は、事業部の将来に深刻な影響を与えない範囲内で、損益分岐点をぎりぎりまで下げるにはどうしたらいいかを考えながらこれらのリストをつくることになる。

人員の削減は、トップレベル、つまりCEOのすぐ下とその下の階層から行うべきである。このとき、人事部門のリーダーが持っているこれらの階層の人物についての情報——仕事の仕方、スキル、楽観的か悲観的か、チームプレーヤーか一匹狼か——は、CEOが決断を下すときの貴重な参考データとなるだろう。

さらに下の幹部層では、基本的なカテゴリーに分けて人物を見ることが役立つだろう。たとえば、「リーダー」と「個人プレーヤー」である。後者にはプログラマーなどが含まれる。

ここでは、人事トップの誠実さ、公平さ、そして客観性が試される。えこひいきは許されない。道義的で、人への敬意を忘れない、と常日頃うたっている企業文化が本物かどうか、人事部門のリーダーのふるまいが、その究極の指標となる。リーダー自身の真価が問われるのである。自分の評判を地に落とすようなことはすべきでない。最優先すべきカテゴリーに入るのは、売り上げ、利益、需要に直結する人、および生産、納品、顧客からの苦情に直接かかわっている人たちである。商品ラインをそのまま残すのであれば、彼らのほとんどは必要である。しかし、忘れてはならない点は、必要なのはその人たちというより、その人たちのやっている「仕事」だということである。苦しい環境においては往々にして、商品ラインが廃止されて仕事を失った人のほうが、残ったラインで仕事を続けている人より有能であったりする。

非常に有能な専門家については、ジレンマが生じるだろう。彼らは会社にとってきわめて貴重な資産だが、彼らのための予算が特別に確保されているわけではない。難しい決断を下すために、彼らの上司とよく話し合う必要がある。こうした専門家の仕事を、大学など同等の専門知識を備えた他の機関にアウトソースして、固定費を変動費に置き換えることができるかどうかを検討しよう。

また、外部契約者に仕事を委託したり、デュポンのように外部契約者の仕事を社内の専門家にまわすという選択肢もある。有能な専門家をフルタイムで雇い続けることはできないかもしれないが、将来彼らの能力が再び必要になる日が来るかもしれない。よって、彼らを会社につなぎとめておく方法を考えることが重要なのである。

人事部門のトップは、自分の部門についても決断を下さなくてはならない。たとえば年二〇%といった大幅な予算カットを約束することで、リーダーシップを示すのである。コスト削減のほとんどは、人員削減によるものになろう。いま本当に必要なのは何人なのか、会社が攻勢に転じたときには必要なのは何人なのかを熟考するときである。

大企業には、人事部門にコーチやファシリテーター、社内コンサルタントなどを抱えているところも多い。こうした人的資源は、必要ならば簡単にアウトソースできる。また、この人たちの仕事を他の社員に肩代わりさせる方法もある。

人員削減は、良識を持って、一人ひとりのこれまでの貢献に敬意を払いながら実施しなくてはならない。前述したウォールストリートの企業のように、社員のIDカードをいきなり無効にするといった残酷なやり方は論外である。この会社のCEOはとりわけ無礼な人間であったことを申し上げておこう。この会社の人事部門の幹部も、乱暴な人の切り方は会社の評判を地に落とすと、CEOに諫言を呈する義務を怠ったわけである。

●報酬

人事部門のリーダーは、全社員に、個人の目標と会社の目標、それに応じて支払われる自身の報酬について、明確に理解させなくてはならない。

通常、報酬は「収益面での成果」という指標に基づいて決められる。つまり、営業利益のことである。不況時には、キャッシュ重視の経営が会社の目標となるので、報酬を決定する際には少なくとも次の四つの指標を考慮する。すなわち、キャッシュ、営業利益、運転資本、そして顧客満足である。

不況を前提とした新たな報酬プランに対して反発したり、無視しようとしたりするマネジャーは必ず出てくる。人事のトップは、彼らに対して新しいプランの詳細を説明し、彼らの意見も聞いて、説得すべきである。もしそれができなければ、マネジャーたちが報酬プランを、設計意図に沿って運用しているかどうかを頻繁にチェックしなければならないだろう。

誰もが何よりも気にしているのが直接報酬とボーナスだが、人事部門のリーダーは、会社の福利厚生費の管財人でもある。社員は福利厚生コストをきわめて低く見積もりがちであり、福利厚生の一部を当然の権利だと見なしている。社員のこのような考え方は変えなくてはならない。そのために、社員の福利厚生コストが会社にとってどれほどの負担になっているかを示す必要がある。

たとえば、これまでのようなコストのかかる福利厚生プランのかわりに、健康保険の自己負担額（免責額）を上げるといったやり方を導入すれば、より低コストで総合的にはこれまでと同レベルのメリットが享受できることを実証するのである。人事部門の上級幹部の多くは、福利厚生の効率性について高い関心を持っている。

ほとんどの場合、人は仕事を失うよりは福利厚生の一部を失うほうがまだましだと考える。そんないまこそ、より柔軟で、よりコストのかからない福利厚生体系を導入すべきである。そうすることで当面キャッシュを温存することができるし、将来、状況が改善したときにはたっぷり見返りがあるだろう。新たなプランを実施するために、人事のリーダーは、自分たちのいる業界がいかに激しい競争にさらされているか、社員に明確に伝えなくてはならない。

●後継者の育成

不況は会社にとっては試練だが、適材適所を確認するためのよい機会でもある。追い風のときに活躍したマネジャーでも、長期的な低成長、あるいはゼロ成長という環境の中では力を発揮できないこともある。人事部門の責任者から見れば、誰がそういうタイプであるか察しはついているだろう。たとえば、コスト意識が低く、数日で終わらせるべきことを何カ月もかけてやっているようなマネジャーである。

優柔不断な者や、及び腰の者が安住できるような場所は、いまの組織の中にはない。どの組織でも、マネジャーは迅速で大胆な決断を下し、人を鼓舞し、チームが一体となって行動しなくてはならない。一匹狼的なマネジャーや、英雄になりたがるリーダーの居場所もない。

こうしたリーダーを外したあと、人事部門のリーダーは、後任を選ぶのに中心的な役割を果たす。社内のより下の階層から新しい人材を見いだし、ある程度のリスクをとって、その者を何段階か上のポジションにつかせている会社もある。

視聴率調査会社、ニールセンのCEO、デビッド・カルフーンは、インターネット広告認知を測定する小さな会社を買収したとき、これはと思う人材を見つけた。二〇〇八年の秋、既存メディアへの広告出稿が急減したときに、カルフーンは、テレビとネット、両方の広告認知度測定ビジネスへと急速に舵をとることを決めた。この任務の責任者となったのが、新しく買収した会社の若い創業者だった。

このように、新しいリーダーの可能性に賭けてみようと思うならば、ぜひやらせてみるべきだ。まあまあよくやってはいるが、ものすごく成果を出しているわけではないマネジャーには別の仕事を用意し、新しいリーダーにとってかわらせるのである(幹部候補者の層を長期的に厚くしていくための総合的な方策については、拙著『Leaders at All

Levels』をお読みいただきたい)。

社内に幹部候補の人間が十分に育っていなければ、社外に目を向けよう。人がいないからといって能力のない者を引き上げる愚は避けるべきである。

いま、社外には、優秀な人材があふれている。高いスキルを持った人々が、自分が勤めている会社の経済危機への対応に満足していなかったり、近視眼的なCEOが最も有能な人材を社内にとどめておくことに失敗したりしているからだ。いまこそ、こうした人材を雇う好機かもしれない。ヘッドハンターを使う手もある。自社の長期的なニーズを見て、会社の将来を担える人間を入れるのだ。候補者の状況によっては、本当によい「買い物」ができることもある。

よい人材をとるには、それなりに高い報酬を払う必要があるが、それは投資と位置付けるべきである。早い時期にこうした人材を雇い入れ、その人たちに長く働いてもらうことこそ、将来に向けて組織を強化していくことにつながるのである。

幹部人材の育成と後継者計画については、取締役会に定期的に報告することを忘れてはならない。会社の最高レベルで必要となる連のスキルについて必要な変更があれば、逐一伝える。不況が終わったときに生まれるであろう機会をとらえるために、誰がどの地域、あるいはどの事業部に配置されるべきかという提案も行う。

もし、優秀な幹部が他社に引き抜かれるおそれがある場合は、取締役会が素早く動いてその幹部をひきとめられるよう補佐をする。逆に、他の会社から有望な人物を引っ張ってくる際は、まず取締役会の了解を得なくてはならない。

●トレーニング

人事機能の重要な一部であるトレーニングの重要性は、この数年ますます高まっている。しかし、多くの会社において、既存のトレーニングは意味をなさなくなっている。リーダー育成プログラムの有効性を改めて吟味し、向こう二~三年間にわたるこの分野での投資収益率を考えることは必須である。

すべてのリーダー向けトレーニングは、会社がいま直面している問題とチャンスに的を絞ったものにすべきだ。トレーニングは、すぐに使える知識とスキルを提供するものでなくてはならない。陳腐なプレゼンテーションを見るだけの抽象的、総合的なプログラムは時間の無駄であり、効果も期待できない。そんなものではなく、すぐに応用できるスキルを教え、受講者には自分で本や雑誌を選ばせて、通常のトレーニングでは教えない経営の専門知識を身につけさせるのだ。

重要なのは、低成長という環境の中でいかに会社を経営するかを教えることである。これはほとんどのラインのマネジャーにとっては、経験したことのない課題である。人事部門は、適切な教材およびメソッドを作成し、必要としている人に届けなくてはならない。教材には、「協力」を念頭に置いた契約交渉の方法や、価格の設定法などが含まれているべきである。

社内の上級幹部自らがこれらのセッションのいくつかを担当し、会社の直面している問題、取り組むべき課題を題材にして、生の情報を使って教えれば、非常に投資効率のよいトレーニングとなるだろう。このようなセッションは、教わる側がトレーニングの目的を明確に理解するだけでなく、教える側にも気づきをもたらし、さらに、現場の人間からの貴重なインプットも得ることができる。

●モラル

厳しい環境の中で、士気を保つことの必要性を過小評価してはいけない。経済が減速しているときは、新聞、テレビ、ブログを通じて暗いニュースが絶え間なく流れている。会社が生き残り、さらに成長するためにどんな努力をしているのか。そのことについて、社員が正確な情報をタイムリーに得られるようにしなくてはならない。そのためには社内広報の人間と密に協力することも必要である。

広報・IRは会社の信用を最優先

新たな戦略とその実行を社内外に伝えることは、広報・IR部門のリーダーの中核的な仕事になる。通常であれば、どんな会社においても広報は「いいニュースを前面に出し、悪いニュースは控えめに出すか、可能であれば出さなくてもいいようにする」のが仕事である。いま、そんなことをしても無駄である。

長期的低成長の時代において、広報・IRの最も大事な仕事は、予想を下回る業績を出した場合でも会社の信用を守ることである。

IR部門のトップは、会社の財務構造に精通していなくてはならない。経済の減速により、会社が売り上げよりもキャッシュを重視する経営にシフトすると、重要業績評価指標（KPI）がどう変わるのか。それをCEOとCFOから学ぶのである。

新たな財務構造が徹底的に頭に入れたうえで、その情報を投資家に、正確に、包み隠さず報告する。アナリストが古い指標を使っているかもしれないからだ。アナリストたちも極端な不確実性の中で不安を感じている。IR担当者は、彼らに、新たな指標とKPIが、なぜこの環境においてはより理にかなったものなのかを説明する必要がある。何かを隠そうとしたり、事実を歪めようとしたりしているという印象を与えるような失敗は、それがどんな小さなものであっても、投資家のコミュニティにおける自社の評判に致命的な影響を与えるだろう。

新しい戦略の実行に本格的に乗り出したところで、IR部門のトップは、投資家に対して、業績を明確かつ具体的に説明しなくてはならない。予期せぬ問題や目標未達成の部分についても開示する。

中長期的には、会社がとった行動がいかなる結果に結びついたか、ということも報告する必要がある。たとえば、ある顧客、ある商品から撤退したことが、会社のバリューチェーンにどのようなメリットあるいはデメリットをもたらしたかを示すのだ。

そうすることで投資家たちは、状況が急展開していく中で投資先の「次の一手」をある程度読むことができるようになる。そして、その「一手」によっていかに競争力が高まるか、というところに目を向けるようになるのである。大手の、あるいは最も重要な投資家に十分な情報を提供する際には、CFOにも協力してもらうとよいだろう。

IR部門のトップは、社内の不安を取り除き、メディアとの信頼関係を築くために、透明性を高めなくてはならない。いま起こっていることとすべてを把握できていないのであれば、そうできるようCFOに協力を求める。財務および広報と一緒になって、全社員がアクセスできるようなウェブサイトやダッシュボードをつくり、それを少なくとも隔週で更新する。そこには会社の現状分析、競争的地位、そして戦略実行のために必要なステップを載せる。

上から物を言うような態度は禁物だ。社員一人ひとりが抱えている不安と困惑の背後にあるものは何なのか、それを明らかにするために何ができるかを考えてほしい。

たとえば中央銀行の政策発表やその実施などのマクロ経済ニュース、海外情報、業界情報も提供するといいだろう。社員の悩みや質問に答えるためのホットラインを設けるのも一策である。

対外広報の担当者は、全国メディアと地方メディアの両方との関係を積極的に築き、自社が信頼できる会社であること、そして置かれた環境について現実的な見方をしていることを示すべきである。

法務は変化に迅速、柔軟に対応する

法務の最高責任者であるゼネラル・カウンシルの任務は、新たな契約の詳細を詰め、既存の契約を再交渉し、急速に変化する状況に柔軟に対処できるようにすることだ。たとえば、顧客がどうやら倒産しそうである、あるいはサプライヤーが契約不履行に陥りそうだというときには、販売部門、およびＣＦＯと密接に協力して、必要であれば再契約などの防御策を用意する。

同時に、会社の長期的に有望なパートナーである顧客、サプライヤーとは、ビジネスプロセスを簡易化するために協力すべきである。サプライヤーや顧客を喜ばせることは、自社の競争力にもなる。流動的な金融環境の中、IR部門からは、投資家と規制当局に適切なディスクロージャーができているかどうか確認するために、頻繁に相談があるだろう。それに応えるのもゼネラル・カウンシルの役目である。

法務部門はまた、会社の人員削減の過程で、高齢者や、女性や、マイノリティの社員が不当に集中して解雇されていないかもチェックする必要がある。

最後に、組合と労働協約を結んでいる会社の場合は、その内容変更を交渉する際に、法務部門が大きな役割を演じることになる。

IT部門はコンプライアンス死守

ＩＴ部門のリーダーも、予算カットを覚悟しなくてはならない。それはすなわち、ＩＴ関連プロジェクトの優先順位を変更することを真剣に考える、ということである。最も重要なことは、コンプライアンス関係のプロジェクトの予算削減を阻止するための論理的な説明を準備しておくことである。コンプライアンス関係のプロジェクトの中には、取締役会、監査役、ＣＦＯとコミュニケーションをとるために設計されたものも含まれる。

予算が確保されなかった場合に起こりうる事態についても説明できるようにしておかなくてはならない。予算削減を受け入れられないという場合でも、対立的な態度をとるのではなく、あくまでも協力的な態度で臨むことが肝要である。

ＩＴ関連プロジェクトのうち、二番目に優先されるべきは、設備に関するものである。それは、電源や生産ラインの管理にかかわるものだ。この二つのプロジェクトは、経営幹部の安眠のためにも重要である。

これらの最重要プロジェクトで、使える予算のほとんどを占めることになるかもしれない。そうなった場合は、価値を生み出すプロジェクトをあらためて考え出すことが求められる。つまり、残ったわずかな予算は、確実に価値を生み出す技術に振り向けなくてはならない。たとえば詳細な販売データの収集および伝達を自動化し、生産、販売、マーケティング部門の意思決定を支援するシステムをつくる、といったことである。こうした動きは歓迎されるだろう。なぜなら、これらの部門が予算目標を早期に達成することに直接貢献するからである。

しかし、長期的に大きな利益をもたらす重要なプロジェクトを犠牲にしてはならない。二つのプロジェクトを中止して一つだけ残す、というやり方よりは、開発スピードを極端に遅らせて、複数のシステム開発プロジェクトを並行して進めたほうがよい場合もあるかもしれない。いずれにしても、各プロジェクトが、それぞれ会社にとってどれだけのキャッシュを生むかが見えていなくてはならない。

プロジェクトを残すことについて、上層部から反対されそうな場合は、近い将来キャッシュを生みそうなプロジェクトを担当しているラインのマネジャーを味方につけよう。そのマネジャーにとっての見返りが十分あるようなプロジェクトであれば、彼（彼女）も一緒にCEOとCFOに対してそのプロジェクトがコストではなく投資であると主張してくれるだろう。

一方で、IT部門自体の人件費削減も求められるだろう。そのときは、何人を残し、誰に去ってもらうかを考えなくてはならない。

技術の予算には波がある。ある企業のIT幹部は、二〇〇三年から二〇〇七年は、予算がたっぷりあったので、IT部門自体の成長も考えて、新しい試みにも着手した、と話していた。しかしいま、IT部門の幹部はコストカッターにならねばならない。

部門の中核業務を強化して動かし続け、経営トップに、コンプライアンスとメンテナンス関連のシステムには絶対に不備がないことを保証しなくてはならないのである。

9 The Board of Directors

第9章

取締役会のすべきこと

グローバルな経済危機が

過ぎ去ったあと、確実に会社が生き残っているようにする。それについて最終的な責任があるのは取締役会だ。今回の危機で、取締役会全体の思考力、協調性が問われるだろう。厳しい状況にあっても、取締役会は、緊迫感と安定感を持って、経営幹部よりも一歩先を行っていなくてはならない。

これほどの世界的経済危機は三〇年以上なかったことを考えると、いまのような経済環境を個人的にであれ集団的にであれ、経験している取締役はきわめて少ないといえるだろう。取締役は、経営幹部にどんな痛みをともなう変革にも取り組ませることで、会社を守らなくてはならない。

自分たちが不安だからといって、変革を邪魔するようなことがあってはならない。

ＣＥＯの見通しがあまりに楽観的だと思った取締役会が、「最悪のシナリオ」を想定するようにCEOを説得したケースを、私はこれまで何度か見てきた。それは、会社が生き残りに備える際に、大きな違いを生んだ。

その反対に、取締役会はCEOに、悲観的な見方を振り切って攻勢に出るように働きかけることもできる。経営の最高責任者たちは、目先のことで心を奪われている。この危機においてもチャンスがあることを指摘し、長期的に会社を成長させることがおろそかにならないように目配りをすることは取締役の役目である。いま、取締役会に求められているのは、経営幹部たちが新しい現実に立ち向かい、その中で勝てるよう励ますことだ。

各取締役は、自分が役員として名を連ねている会社により精力的にかかわる必要が出てくるだろう。ある会社では、この経済の「津波」があまりにも深刻であるため、六週間に四回も取締役会を開いた。そして、全員が出席した。

取締役の仕事は、かつてないほどの時間とエネルギーを必要としている。数社の社外取締役を務めるCEOの場合はとくに、他の仕事に時間をとられすぎていないか自問するときだろう。取締役の判断は、多くの分野で決定的に重要である。

その目標は現実的か?

取締役は、経営幹部が提案する目標をきわめて厳しい目で評価しなくてはならない。つまり、現在の状況を鑑みて、目標が現実的か否かを問うのである。

売り上げ、利益、キャッシュ、コスト、設備投資、資本構成比率のすべてが制約を受けている。会社がこの嵐を乗り越えたときにより強くなっているよう、取捨選択しなければならない。新しい目標にも、取捨選択の発想が必要になる。悪条件の下で経営している際に会社のパフォーマンスを測定するためには、キャッシュと損益分岐点は欠かせない指標である。取締役はこれらの指標の目標値の相関関係を以前にもまして明確に理解していなくてはならない。徹底した理解を通じて、取締役は何が最も優先されるべきかを判断し、議論し、自分の意見を修正していくのである。

いまのような状況下では、目標自体が流動的になるため、取締役がリアルタイムで判断を下していかなくてはならない。一年先の需要さえ予測できないときに、年次目標を立てることなど無意味なのだ。第1四半期の目標を大幅に下回る結果しか出せなければ、残りの3四半期で取り戻すことはほとんど不可能である。四半期ごとの目標を立て、それを「絶対」のものとしないことだ。それはつまり、柔軟性を重視することにほかならない。

不況時には、すべてが相対的になる。今後しばらくは、売り上げの伸び率ではなく、ライバル会社と比べたときの相対的減少率が問題となるだろう。目標は、何らかのかたちで外部の状況および指標、たとえばGDPの一部、国内流動性、金融資産・負債残高、消費者の可処分所得などに関連付けるべきである。

過去の競合との比較は、今後意味をなさないだろう。多くのプレーヤーがこの厳しい環境の中で脱落した。市場にまだ残っている競争相手に照準を定めるべきだ。この激動する経済環境において、総株主利回り（TSR＝Total Shareholder Return）という指標は適切ではない。

新たな目標が設定されたら、取締役会は、経営陣がそれを達成できた理由、あるいは達成できなかった理由を分析することができる。原因は、経済状況か？　業界内における変化か？　あるいは経営陣の決断か？　この種の評価は、外部環境によって会社の競争的地位がどのように変化しているかを理解するためにきわめて重要である。

仮に目標が達成できたとしても、取締役はその結果を詳細に分析し、何か不適切なことをした結果の目標達成ではないことを確かめなくてはならない。私が知っているある会社では、２四半期連続で目標を達成できなかったＣＥＯが二五％の人員削減という、愚策を断行し、会社をほとんど骨抜きにしてしまった。

「最悪のシナリオ」を前提にしているか？

取締役会は、事業部門のリーダーが、「最悪のシナリオ」を前提にして動いているか、確かめなくてはならない。リーダーたちとの一日セッションを通じて、問題の範囲を想像し、それに対応する準備をするよう後押しするのだ。最悪のケースを想定した議論の中で、来期はいかにしてキャッシュベースの損益分岐点を最低レベルに持っていくかについて、経営幹部層にプレゼンテーションをさせてみよう。

多くの幹部たちは反発するだろう。彼らはそこまで経営を縮小すると、景気回復局面で機会を逃すのではないかと恐れているのだ。しかし、この先何が起こるかわからない状況で、キャッシュを残し、コストを削減するという安心に比べれば、機会損失のリスクなどとるに足りない。

正しい商品、地域、そして流通チャネルに集中し、キャッシュを用意していれば、景気が回復した際、迅速に動くことができる。コスト削減が不十分だったり、逆にやりすぎたりしてしまう経営者もいる。取締役会は、正しいバランスに経営陣を導くべきである。

株主利益を守る

ほとんどの会社で、向こう二年間は縮小を余儀なくされる。収益およびキャッシュフローは、間違いなく減るだろう。したがって、多くの会社が新たに株式を発行して増資し、結果として既存株主の利益が希薄化する。倒産、破産、あるいは合併により、少なからぬ会社が姿を消すだろう。そしてさらに多くの会社が格下げにあい、借り入れが高くつくようになり、資金調達が難しくなるだろう。それを念頭に置いたうえで、取締役会は、株主に直接影響を及ぼす重大な決断を下さなくてはならない。

まず第一に、配当は減らすべきか？　もしそうならば、いつ？　どれだけ？　配当の支払いはキャッシュ支出を意味するが、キャッシュの温存はこの厳しい時期においては至上命題である。しかし配当を大幅に減らすことは、重要な心理的メッセージを発することになる。

もし、配当の削減、あるいは無配の決断がなされたら、広報・ＩＲ部門を通じてその理由を投資家および世間に対して慎重に説明しなくてはならない。一般的にいって、この決断が予防的措置であると伝えれば、その影響を緩和することができるだろう。しかし、そのような説明をする前に、それを裏づけるような事実があることを確認すべきである。もしアナリストや投資家が、配当に関する決定が苦し紛れのものであるという数字上の明確な証拠を見つければ、反論しても会社の信用を落とすだけである。

次に問うべきは、会社が値下がりした自社株を買い戻すべきか？　すでにそうしているのであれば、それを続けるべきか？　自社株買いもまた、何よりも貴重なキャッシュを使うことを意味する。自社株買いは、配当に比べると市場に与える心理的影響は少ない。私の知っている多くの会社において、取締役会はキャッシュ温存を自社株買いより重要と考えているが、投資家からの強い反発にはあってはいない。

経営陣の報酬を見直す

取締役が設定する目標をどれだけ達成できるかによって、経営幹部の報酬が決まる。しかしながら、昨今の経営環境では、ほとんどの経営幹部は、一年前に設定された目標を達成できないであろう。取締役会は、いまは未曾有の事態であり、過去に設定した目標が意味を失ってしまったことを認識せねばならない。なぜそんな目標を立てたのか、なぜそれが達成できなかったのか、という議論は不毛である。それを追及することによっていらぬ緊張が生まれ、経営陣の士気が下がる。

取締役会は、常に先を見なくてはならない。経営陣の報酬については、昨今は外部の報酬コンサルタントに頼るのが主流になってきているが、いまこそその権限を取締役会に戻すときである。報酬委員会のメンバーになっている取締役の場合は、なおさらそういう意識が必要だ。取締役会の役割は、経営陣をして、いまこのときに「なすべきこと」に集中させることである。

取締役は、経営陣の実績報酬、または株価に連動した報酬を再考すべきである。投資家はポートフォリオを分散化できるが、リーダーは自分の報酬を分散化することはできない。変動部分の割合については見直しが必要である。というのは、株式市場の低迷により、変動部分の報酬がゼロになり、経営幹部の報酬が全体で七五%もカットされるようなケースも出てくるからだ。それが果たして本当に公正な報酬といえるだろうか。取締役会は、人事部門の幹部と協力して、道理にかなった報酬プランをつくる立場にある。

経営幹部の不安を取り除く

厳しい不況、長期間に及ぶ経済の低迷は、経営層の心理にも悪影響を与える。取締役会はその点にも注意しておかなくてはならない。緊張状態に置かれると、自暴自棄になりがちで、未来のことを考える余裕もなく、ただ生き残ることだけに目が向くようになる。株価が急落した影響でほとんどの経営幹部の報酬は激減し、彼らは自分の収入について大いに不安に感じている。

ここで、取締役にできることは何か。たとえば、取締役会の前日に、社内の異なる階層のマネジャー、二〇人くらいをカクテルパーティーかディナーに呼ぶといいかもしれない。直接対話することで、マネジャーたちの本音を知ることができる。彼らは楽観的なのか、悲観的なのか？　どのように顧客とつきあっているのか？　いまの苦しみを耐え抜いてより強くなるという将来像を描けているか？　それぞれがどのように自分の任務を遂行しているか？

一人ひとりの心理状態を知ったうえで、元気づけてやるのである。

いまのCEOに任せていいか？

取締役会は、CEOを全力で支援すべきである。支援するに足るCEOであれば、の話だが。この経済停滞の犠牲者は多くにのぼるが、少なからぬ数のCEOもその一部となろう。CEOの質を保証することこそ、会社の所有者、管理者としての取締役会の究極の機能である。

いざというときに躊躇してはいけない。取締役会は、CEOが目標を達成できなかった場合でも支えるべきである。一方で、目標が達成できなかった数々の原因についても考える必要がある。CEOは、大きな障害に立ち向かいながら最善の業績を出すためにできる限りのことをしたのかもしれない。

ときには、現CEOが苦しい状況の中で会社を率いていく器ではないということを取締役一人ひとりが認識しなくてはならないこともある。CEOが気持ちを切り替えることができなかったり、いま必要な勇気とスキルを持っていなかったりする場合だ。往々にして、CEOのパフォーマンスが下がっているときに、取締役が行動をとるのは遅きに失する。しかし、難しい決断を少しでも先延ばしにすれば、会社を危機に陥れかねない。

リーマン・ブラザーズのCEO、リチャード・ファルドが重要な決断を躊躇したことで、リーマンだけでなく、世界の金融システムがどれだけの被害を被ったことか。一方で、メリルリンチのジョン・ザインは、投げられた命綱をしかとつかんで、何とか破綻を免れた。これこそ、CEOに必要とされる決断力である。

いま、どんな会社もアメリカの金融業界ほど悲惨なことにはならないでほしいと望んでいるに違いない。しかし、最悪のシナリオを真剣に想定し、遅くなりすぎないうちに、いまのCEOでいいのかどうか、もう一度考えるべきだろう。

独自の情報網を活用する

世界でいま何が起こっているのか。正しい情報がいまほど重要なときはない。取締役は、業界、ライバル企業、政府の動向を知るための多くの情報源を持っている。通常は、それらの情報は、断続的、形式的に伝達されるものだが、いまのような状況においては、継続的で自由に流れていなくてはならない。とくに、これまで取締役がとるに足らない内容だと気に留めていなかったような細かい情報こそが役に立つのである。しかしそれも、取締役同士がその情報を共有してこそである。

顧客についての断片的な情報は、それだけでは大した意味を持たないかもしれないが、他の取締役や現場のマネジャーの持っている情報と突き合わせてみると、重要なことが見えてくることもある。取締役は独自の情報を積極的に集めてくるべきだ。しかるべき人に質問をしたり、より注意深く報道を分析したり、自分の最も価値ある情報源との関係を深めたりするのである。今日取締役が得た情報は明日の会社を救うかもしれないのだ。

未来のための後継者選び

後継者問題は、会社にとって永遠の課題である。ほぼすべての取締役は、それが最重要課題であると認識している一方で、取締役会としての取り組みは不十分だと感じている。後継者についての徹底した調査を行い、短期的および長期的な後継者育成計画を実行に移すには、いまが最大のチャンスである。

取締役が明確に優先すべきは、短期計画である。その計画は、最悪のシナリオを前提にしたものでなくてはならない。つまり、「突然新しいCEOが必要になったときにどうするか」である。社内に後継者がいるのか？　取締役会としてその人物を、一年前でもCEOに選んでいたか?

もし能力のありそうな候補者がいるのであれば、迷わず一、二階級下、あるいはもっと下の層を探すべきである。社内に適任者がいないのは、深刻な問題だ。会社をとりまく状況は刻一刻と変わっており、予断を許さない。すぐに来てくれそうな人物を知っている人に連絡をとるべきである。エグゼクティブサーチ会社から有力な候補者のリストをひそかにとりよせて、緊急事態に備えている取締役会もある。

もし後継者選びが長引きそうであれば、取締役会の中から暫定CEOを選んで任にあたらせることを考える。その人物に難局を乗り切る能力が十分にあったとすれば、取締役会は、余裕を持って危機後の経営を念頭に置いた後継者を選ぶことができる。

いまは、さまざまな局面で、各リーダーたちがいかに職務を遂行しているかを観察しながら、誰にリーダーシップがあるかを見きわめるまたとない機会である。取締役はできるだけ多くのリーダーと言葉を交わし、彼らの心理状態を推し量り、決断力の有無を見る。その際、「高い能力のある人物」の定義が危機の前と後とでは異なっている、という点に気をつけなくてはならない。

これまでは、いかに迅速に動けるか、いかに大局的な発想ができるかでリーダーの器が決まっていた。こうした大局的発想はもちろん重要だが、いまはいかに新たな現実を正しく認識できるか、社内の各部門にその現実を理解させることができるか、そして市場とお金の流れを分析して、いかにそれを会社の生き残りに結びつけられるか、ということも重要である。

取締役同士で各候補者についての見解を交換し、その客観性をチェックする。次期リーダー選びに伴う人物評価は今後、ＣＥＯを含めた上級幹部職の選別の際に役立つことだろう。

未来をみつめて

私は本書を短く、要点のみにとどめた。いまは「時間こそ財産」だからである。この本が読者にとって読みやすく、頭に入りやすいものであったことを願っている。

読んだあとは、行動に移してもらいたい。腕まくりをして、道具とアイデアをいますぐに使うのである。「現場で、自ら率先して（ハンズオン、ハンズイン）」が基本姿勢であることを忘れないでほしい。

気持ちを切り替え、人々を集め、問題に正面から取り組む。緊急ミーティングを開き、社員からのアイデアを求めているリーダーがいるということに、私は勇気づけられている。なかでも最も優秀なリーダーたちは、現実的な解決策を見いだし、それに基づく対話をし、怠りなく遂行している。

有能なリーダーのいる会社は、この不況後、より強くなっているだろう。ビジョンがあるリーダーであれば、すでに「この先」を見ているはずだ。一年後かもしれないし、三年以上かかるかもしれないが、必ず「フェーズII」は訪れる。

行動をとれば、その反応がある。多くの経営者およびアナリストは、この不況あとにはインフレがやってくると考えている。世界金融システムの中に大量の資金が供給されているからだ。これは単なる「予測」ではない。

困難で不確実な時期にリーダーであるということは、常に次にくる課題を想定し、それに対応するための忍耐力とスキルを磨いておくということなのである。

おわりに

あなたの強さと指導力をあてにしている人がいる

経済の暴風が吹き荒れている。この嵐がいつ過ぎ去るのか、誰も知らない。

この本を読んでいるあなたがたも、いまほどの変化、不確実性、そして深刻な不況に直面したことはないだろう。金融業界はウォールストリートごと吹き飛ばされてしまった。あなたが自分の勤め先も潰れてしまうかもしれない、という不安を抱くのも無理はない。

しかし、あなたの強さや指導力をあてにしている人がいることを忘れてはならない。小さなグループの長であれ、会社の事業部門のトップであれ、この先数週間、数カ月、数年は、試練のときである。まだ起こっていないことに対して、不安になっている場合ではない。そうではなく、何が起こるのかを早く見きわめて、迅速に行動する。これにつきる。

あなたは、過酷な現実に立ち向かい、何をなすべきかを考え、それを確実に実行するリーダーになれるだろうか？　混沌の中に機会を見いだし、周囲を奮い立たせることができるだろうか？

この貴重な本の著者であるラム・チャランは、三〇年以上にわたって名だたるリーダーたちのアドバイザーを務め、世界中で、多くの優良企業を指導してきた。彼はまた、不確実性をともなう景気後退に幾度も遭遇してきた。そして、その厳しい時期を見事に乗り切ったリーダーと、無残にも散っていったリーダーの双方を見てきた。

危機を乗り切るという大仕事は、臆病者には不向きである。また、CEO（最高経営責任者）やCFO（最高財務責任者）だけに任せることのできない仕事でもある。低迷する経済状況の中では、当然のことながらCEOとCFOが経営の中心的な役割を果たすが、本書は、組織のどの構成員も重要な役割を担っているという前提で書かれている。チャランは、企業内のあらゆる部門、そして社外の関係者について、何をなすべきかについて明快な指針を示した。

ふだん、こういう対比はなされないであろうが、販売部門は、取締役会と同じように、危機を打開するために重要な貢献をすることができる、とチャランは考える。一方で、複数の部署が、同じ船を一緒に漕ぐように、連携し、調整しながらことにあたることがいかに大切かについても、理解しなくてはならないとも説いている。

最後に、チャランは、先の見えない状況の中では、率直さとコミュニケーションの頻度が死活問題になる、と指摘している。

外的環境を現実的にとらえながらも、前向きに、力強く困難に対処していくリーダーは、成功する可能性が高い。現在のような歴史的状況にあって、この『徹底のリーダーシップ』は、経済の荒波を越えて進むべき方向を目指すための、かけがえのないパートナーとなるだろう。

私は、不確実性と不況にどのように立ち向かうべきかについてのアドバイスを求めるのに、ラム・チャランほど適した人物を知らない。

あなたが本書を読んで、学び、生き残り、さらなる発展を遂げられることを祈る。

ラリー・ボシディ　ハネウエル・インターナショナル前会長兼CEO

著者 **ラム・チャラン**
Ram Charan

名だたるグローバル企業の経営アドバイザーとして知られる。ハーバード・ビジネス・スクール元教授。対話を重視した実践的アプローチで、ベンチャー企業からフォーチュン500企業まで、ビジネスリーダーたちの絶大な信頼を得ている。著書に、200万部を売り上げたベストセラー『経営は「実行」』(ラリー・ボシディとの共著、高遠裕子訳、日本経済新聞出版社)、『ゲームの変革者』(A・G・ラフリーとの共著、斎藤聖美訳、日本経済新聞出版社)などがある。インドに生まれ、10代のときから家業を手伝い、大学で工学を学んだ後、ハーバード・ビジネス・スクールで経営修士号および博士号を取得。

訳者 **中嶋 愛**
Ai Nakajima

日本経済新聞で The Nikkei Weekly 記者を務めた後、スタンフォード大学にて修士号取得(国際政策専攻)。帰国後、プレジデント社入社。プレジデント副編集長を経て、書籍編集部副部長。訳書に『仕事の裏切り』(ジョアン・キウーラ著、翔泳社)。

LEADERSHIP
IN THE
ERA OF
ECONOMIC
UNCERTAINTY
by
RAM CHARAN

徹底のリーダーシップ

2009年7月27日第1刷発行
2009年8月8日第3刷発行

著　者　ラム・チャラン
訳　者　中嶋愛
発行者　藤原昭広
発行所　株式会社プレジデント社
〒102-8641　東京都千代田区平河町2-13-12
ブリヂストン平河町ビル
電話　編集03-3237-3732
　　　販売03-3237-3731

装丁　長谷部デザイン室
印刷・製本　中央精版印刷株式会社

ISBN978-4-8334-1914-7 C0034 Printed in Japan